DAS MEPHISTO PRINZIP

Maxeiner/Miersch

DAS MEPHISTO PRINZIP

Warum
es besser ist,
nicht gut
zu sein

Eichborn.

Für Gitta Maxeiner und Else Miersch, unsere Mütter

Die Deutsche Bibliothek – CIP-Einheitsaufnahme

Miersch, Michael:
Das Mephisto-Prinzip : warum es besser ist, nicht gut zu sein /
Michael Miersch ; Dirk Maxeiner. – Frankfurt am Main : Eichborn, 2001
ISBN 3-8218-1636-8

Dieses Buch ist in der alten Rechtschreibung gedruckt

Umschlaggestaltung: Christina Hucke
Lektorat: Matthias Bischoff
Satz: Fuldaer Verlagsagentur, Fulda
Druck und Bindung: GGP Media, Pößneck
ISBN 3-8218-1636-8

Verlagsverzeichnis schickt gern:
Eichborn Verlag, Kaiserstraße 66, D-60329 Frankfurt am Main
www.eichborn.de

Inhalt

Faust:
»Wenn man euch Fliegengott,
Verderber, Lügner heißt.
Nun gut, wer bist du denn?«

Mephisto:
»Ein Teil von jener Kraft,
die stets das Böse will, und
stets das Gute schafft.«

Johann Wolfgang von Goethe,
Faust 1 (Studierzimmer)

Gut sein ist die Hauptsache!
Einfach und schlicht gut sein.
Rosa Luxemburg

We're only in it for the money.
Frank Zappa

Vorwort

Ein Orden buddhistischer Mönche meditiert seit Jahrhunderten in einem Himalajakloster, um das Gute zu befördern. Ohne ihre positiven geistigen Energien, davon sind die gläubigen Männer überzeugt, hätte das Schlechte auf der Welt längst triumphiert. Wer wollte sie widerlegen?

Kommt so das Gute in die Welt? Auch hierzulande bündeln fromme Runden ihre geistigen Energien und senden sie hinaus ins Land. Plappernd und talkend emittieren sie per Funkwellen ein moralisches Grundrauschen in unsere Wohnstuben. Radikale Opernintendanten und ökofeministische Popsängerinnen öffnen uns in Fernsehshows und auf den Podien ihr gutes Herz. An der Welt leidende Schriftsteller, Fernsehpfarrer, Fußballspieler und Mannequins brechen eine Lanze für die Benachteiligten und Unterdrückten, für Urwaldbäume und Mehrwegflaschen.

Kaum scheint der abgenutzte Betroffenheitsdiskurs à la Rau und Fliege, Vollmer und Süssmuth erledigt zu sein, formiert sich die nächste Moraloffensive. Sogar die bösen Buben vom Dienst fordern jetzt »neue Moral« (Maxim Biller), »Orientierung« (Diedrich Diederichsen) und »Rückkehr der Emotionen« (Harald Schmidt). Das Branchenbuch der Gutmeinenden war noch nie so dick wie heute. Lassen wir es gut sein.

Doch wäre die Welt ohne den penetranten Ruf nach dem Guten tatsächlich schlechter? Wir wissen es nicht, haben aber so unsere Vermutungen. »Alles Schreckliche dieser Welt ist aus guter Absicht entstanden«, sagt ein russisches Sprichwort, und der englische Volksmund weiß: »The road to hell is paved with good intentions.« Eine gute Gesinnung, auch wenn sie oft und gerne vorgetragen wird, schafft noch lange keine bessere Realität. Sie verhindert keinen Krieg, sie besiegt keinen Hunger, sie schafft keinen Arbeitsplatz, und sie rettet keine Tierart. »Wir müssen die Illusion zerstreuen, daß wir bewußt die Zukunft der Menschheit schaffen können«, schrieb der Ökonom Friedrich August von Hayek. Was gut und was böse ausgeht, was als Verbesserung empfunden wird und was nicht, stellt sich eben häufig erst im nachhinein heraus.

Wenn die Zukunft also nicht planbar ist, muß dann die Menschheit folglich alle Hoffnung auf sozialen Fortschritt aufgeben? Bleibt alles immer, wie es war, weil die Guten so gnadenlos gut sind und die anderen nur an sich selbst denken?

Weit gefehlt. Zunächst gibt es natürlich Menschen, die Gutes predigen und tatsächlich Gutes erreichen. Denken wir nur an Martin Luther King. Gutes kann aber auch, da fällt uns ein Stein vom Herzen, aus nicht ganz stubenreinen Beweggründen entstehen. Niedrige Motive haben zwar eine schlechte Presse, doch sie wirken oftmals überraschend segensreich.

Presse, Funk und Fernsehen selbst sind doch das beste Beispiel: Wer entlarvt denn finstere Machenschaften und Skandale? Richtig: Die karrieregeile, sensationssüchtige und geldgierige Schmierenjournaille. »Es ist nicht wahr, daß aus Gutem nur Gutes, aus Bösem nur Böses kommen könne, sondern oft das Gegenteil. Wer das nicht sieht, ist in der Tat politisch ein Kind«, schrieb Max Weber.

Betrachten wir doch einmal folgende, unerhört unmoralische Geschäftsidee: Je kürzer ein Todkranker lebt, desto höher ist der Gewinn der britischen Firma Life Benefit Ressources. Das Unternehmen hat beispielsweise einem 37jährigen an Leukämie erkrankten Mann seine Risikolebensversicherung abgekauft. Es überwies ihm dafür 35.000 Mark. Im Gegenzug hat die Firma nach seinem Tod Anspruch auf 55.000 Mark. Eine makabere Entgleisung menschlichen Profitstrebens, das auf das möglichst frühzeitige Ableben eines Menschen spekuliert?

Keineswegs. Die Stiftung Warentest hat ganz unempört nachgerechnet: »Das Geschäft ist sicher nicht sinnvoll, wenn Kinder oder der Partner abgesichert werden müssen. Anders sieht es aus, wenn ein Kranker oder seine Familie das Geld sofort brauchen (weil beispielsweise die Pflegeversicherung nicht reicht). Oder, wenn sich der Betroffene noch etwas gönnen will.« Im vorliegenden Fall wollte er in den letzten Monaten seines Lebens nicht sparen müssen und hat sich noch den Traum einer großen Weltreise erfüllt. Das Unternehmen Life Benefit Ressources gehört übrigens einem britischen Geschäftsmann, dessen Frau an Aids gestorben ist und der es geschafft hat, darüber nicht den Verstand zu verlieren.

Doch die fortschreitende Moralisierung der Gesellschaft ersetzt Verstand und Vernunft immer häufiger durch Emotionen und Humanitätsduselei. Das hat mittlerweile dazu geführt, daß niemand mehr an irgend etwas selbst schuld ist. Egal ob Dummheit, Kriminalität oder Raucherbein: Schuld sind stets die Verhältnisse, so heißt es, und für die sind einzig und alleine böse Kapitalisten mit ihrem Hang zum Eigennutz und Profitdenken verantwortlich, wobei man Kapitalismus inzwischen auch durch den Begriff Globalisierung ersetzen kann, gemeint ist meist das gleiche. An Stelle des Kapitalismus aber mögen Nächstenliebe und Barmherzigkeit treten.

Selbst über Weltausstellungen müssen inzwischen moralische Käseglocken gestülpt werden: »Die Expo formuliert die neue Moral der Zukunft«, schrieb Expo-Chefin Birgit Breuel im Frühjahr 2000 zur Eröffnung der Ausstellung in Hannover. Sie forderte dazu auf, »Intelligenz nicht zur Vermehrung bloßen

Luxus einzusetzen«, sondern sich darauf zu konzentrieren, »wie die Früchte dieser Erde zwischen allen Erdenkindern gerecht verteilt werden können.« Wir finden das auch ganz arg gütig, allerdings wenig effizient. »Sankt Martin schnitt seinen Mantel entzwei; damit haben wir einen Heiligen mehr, aber keinen Armen weniger«, meint der Philosoph Vladimir Jankevitch. Der Kreislauf der Weltwirtschaft funktioniert nämlich nicht nach dem Motto: Was der eine kriegt, muß dem anderen genommen werden. »Eine Verringerung der Armut durch Vergrößerung unseres Reichtums mag moralisch mißlich sein«, schreibt der Politikwissenschaftler Siegfried Kohlhammer, »ökonomisch macht sie auf alle Fälle mehr Sinn.« Im raffgierigen Kapitalismus sind mehr Menschen zu Wohlstand, Bildung und einem menschenwürdigen Leben gekommen als in irgendeiner anderen Gesellschaftsform der Geschichte (siehe Kapitel *Das Kapital, dein Freund und Helfer*, S. 19).

Auch wenn es keiner hören mag: Dagobert Duck, McDonald's und Coca-Cola haben sich um die Arbeiterklasse verdient gemacht. Auf dem kapitalistischen Markt wird individuelle Besitzgier in gemeinnützige Produktivitätssteigerung und Wohlstandsmehrung verwandelt. In der angelsächsischen Welt ist dies als Paradoxie von »private vices and public benefits« (privatem Laster und öffentlichem Nutzen) geläufig. Im moralisierenden Deutschland ein geradezu unanständiger Gedanke (wobei die Moralisten in Frankreich, England und selbst den USA aufholen).

Der moderne Deutsche legt Wert auf gepflegtes Leiden an den Verhältnissen, die, so der kulturpessimistische Konsens von linksgrün bis katholisch-konservativ, natürlich immer schlechter werden. Aber stimmt das überhaupt? Wir, die beiden Autoren dieses Buches, wurden Mitte der fünfziger Jahre geboren. Was hat sich in unserer, historisch gesehen, recht kurzen Lebenszeit verändert?

Die Luft ist reiner geworden, und zwar in vielfacher Hinsicht.

Nicht nur ganz Osteuropa wurde 1950 totalitär beherrscht, auch in Westeuropa gab es damals noch Diktaturen (Spanien, Portugal, später auch Griechenland). In Südamerika war Demokratie noch eine seltene Ausnahme. In der Regel unterdrückten Militärs oder korrupte Cliquen das Volk. Afrika und Südasien standen zu einem Großteil noch unter der Herrschaft des Kolonialismus. Gesetzliche Gleichheit und Wahlrecht waren für die meisten Frauen auf der Welt ferne Utopien. Heute sind demokratische Freiheiten für mehr Menschen denn je das, was sie sein sollten: ein selbstverständliches Recht.

Dank der »Grünen Revolution« stehen heute so reichlich Nahrungsmittel auf der Welt zur Verfügung wie nie zuvor in der Geschichte. Seit 1970 hat sich die Menge pro Kopf global um über ein Viertel erhöht. Und dies trotz einer Verdopplung der Weltbevölkerung. Die Weltmarktpreise für die drei wichtigsten Nahrungspflanzen – Weizen, Reis und Mais – fielen auf einen historischen Tiefstand. Allein zwischen 1980 und 1997 stieg die globale Nahrungsmittelproduktion um 60 Prozent. Sowohl in relativen wie auch in absoluten Zahlen sinkt die Zahl der unterernährten Menschen seit Jahren. Mangel an Nahrung, so die FAO, ist nicht mehr die Ursache von Hungersnöten. Regionale Hungerkatastrophen werden heute ausgelöst durch Kriege (z. B. Äthiopien) oder die Mißwirtschaft totalitärer Regime (z. B. Nordkorea).

Nicht nur in den alten Industrieländern stieg die Lebensqualität; viele Länder der südlichen Hemisphäre zogen kräftig nach und nahmen ihren alten Kolonialherren die Märkte ab. Indien entsendet heute Computerspezialisten als Entwicklungshelfer nach Deutschland! Auch die Ärmsten der Armen profitieren im Schlepptau vom Reichtum der Reichen: Die Kindersterblichkeit sank dank besserer Hygiene und medizinischer Versorgung drastisch, und die Lebenserwartung stieg immer weiter an. Zu Beginn des 21. Jahrhunderts lag sie im globalen Durchschnitt bei 67

Jahren. Das ist in etwa der Wert, der in den fünfziger Jahren von den alten Industrieländern erreicht worden war. Die Geburtenrate sank von sechs Kindern pro Frau auf 2,8 und ist heute in 79 Ländern so niedrig, daß die Bevölkerungszahl sinkt. Mehr Kinder denn je lernen heute lesen und schreiben und dürfen zumindest eine Grundschule besuchen.

Überall, wo der Wohlstand einzog, verbesserte sich auch die Umweltsituation. Besonders in Europa und Nordamerika wurden Luft und Gewässer deutlich sauberer und die Wälder dehnten sich aus. Ressourcen wie Erdöl und Metalle wurden nicht – wie vielfach vorhergesagt – knapp, sondern sind reichlich verfügbar. Nach einem Höhepunkt der Ausrottung in den dreißiger Jahren gingen in der zweiten Hälfte des 20. Jahrhunderts immer weniger Tierarten verloren (deshalb argumentieren die Untergangspropheten heute mit unbekannten – also noch nicht entdeckten – Insekten, die angeblich massenweise aussterben).

Und nicht zuletzt: Durch so wunderbare Errungenschaften wie funktionierende Verhütungsmittel und separate Elternschlafzimmer, Waschmaschinen und Internet, Mallorca-Urlaube und Aldi-Märkte wurde das Leben für viele Menschen um Klassen besser. Gewerkschaftliche Autokorsos zeichnen sich heutzutage durch eine erstaunliche Mercedes-Dichte aus. All dies wurde nicht in Denkschriften auf Schriftstellerkongressen beschlossen, sondern entstand spontan und ungesteuert durch den Anreiz, den kapitalistische Märkte auf einfallsreiche und erfinderische Menschen ausüben, die vielleicht nur schnell reich werden wollten. Na und?

Der stärkste Verbündete von Ethik und Moral ist das Streben des Menschen, seine eigene Lage zu verbessern und sich einen Vorteil zu verschaffen. Auch das Eifern etwa nach Ruhm, Geld oder Sex (gerne auch alles zusammen, die Autoren üben aber noch) sind nicht zu verachtende Triebfedern für Fortschritte aller Art. Nach allen Erfahrungen ist es höchste Zeit, menschliches

Handeln nicht an seinen Intentionen, sondern in erster Linie an seinen Ergebnissen zu messen.

Wir jedenfalls haben unser Herz für das vorgeblich Schlechte entdeckt. Und je mehr Aufmerksamkeit wir dem Paradox von schlechten Intentionen und guten Resultaten schenkten, um so mehr stellten wir fest: Es gilt nicht nur für das Wirtschaftsleben, den Umweltschutz und die große Welt der menschlichen Gemeinschaften, sondern zeigt sich auch im Kleinen, im Alltagsleben eines jeden.

Und deshalb wollen wir in diesem Buch anhand von vielen Beispielen zeigen, wie purer Eigennutz oft genau das hervorbringt, was die moralischen Linienrichter dieser Welt immer vergeblich anmahnen. Mit den Worten, er sei »ein Teil von jener Kraft, die stets das Böse will und stets das Gute schafft«, stellt sich Mephisto dem Faust vor. Diese Kraft – das Mephisto-Prinzip – wirkt überall und besonders da, wo es keiner vermutet.

Unser Mephisto-Prinzip will dem Leser ein paar teuflische Nadeln an die Hand geben, mit denen er moralische Heißluftballons zum Platzen bringen kann. Wobei – kleiner Tip – eine Prise Humor sehr nützlich ist. Anstatt die ewigen Mahner gallig zu verachten, haben wir uns bemüht, sie lediglich freundlich zu verabscheuen. Nicht aus Barmherzigkeit, sondern aus purer Niedertracht.

München im Januar 2001

Dirk Maxeiner und Michael Miersch

Teil 1

Mephisto für alle!

Kapitel 1

Der ordentliche deutsche Linke bleibt
auf seinem Standpunkt,
bis das »Essen auf Rädern« kommt.

Reinhard Mohr

Das Kapital, dein Freund und Helfer

Persönliches Profitstreben schafft allgemeinen Wohlstand

Niemand hatte ihn gewollt oder herbeigerufen. Er kam einfach und blieb. Peu à peu schlich er sich in die alte feudalistische Ordnung ein, höhlte diese von innen aus und hielt sich bis zum heutigen Tag hartnäckig am Leben. Im Gegensatz zu seinen Mitbewerbern Sozialismus, Wohlfahrtsstaat und Nationalsozialismus (und ihren diversen Abkömmlingen) dachte sich den Kapitalismus niemand aus. Hätte es jemand getan, wäre er vermutlich für verrückt erklärt worden. Die zahllosen Werke über ihn versuchen, ihn zu analysieren, zu erklären, zu interpretieren, zu kritisieren – aber keines könnte ein Urheberrecht auf den Kapitalismus anmelden.

Wahrscheinlich können ihn genau deshalb so viele Intellektuelle nicht ausstehen. Er kränkt sie, weil er sie ignoriert. Dieses Wirtschaftssystem hat vor nichts Respekt. »Der Kapitalismus«, schreibt der Soziologe Karlheinz Messelken, »ist die institutionalisierte Versuchung zu moralischer Niedrigkeit. Wo er den Ton angibt, da löst sich der einzelne aus Ordnungen, die ihn übersteigen und sich seiner Person zu einem höheren Zweck bedienen, da hört der einzelne auf, ein dienendes Glied zu sein, und stellt sich ganz auf seine Selbstsucht.«

Diese Verlockung zum hemmungslosen Gütergenuß ist den Anhängern von himmlischen oder weltlichen Heilslehren von jeher ein Graus, denn ihr ewiges Ziel ist es, die Begierde des Fleisches unter die Herrschaft des Geistes zu stellen. Die intellektuellen Glaubenskämpfer können es nicht ertragen, wenn Produzenten und Händler in der Gesellschaft einen Rang einnehmen, der doch eigentlich ihnen, den Sinnstiftern, gebühren sollte. So verdammen sie den Kapitalismus aus rechten oder linken, christlichen oder muslimischen Motiven und machen ihn für alle Übel dieser Welt verantwortlich. Dabei ergeht es dem Kapitalismus wie vielen Kinofilmen: Im Feuilleton hagelt es Verrisse, aber das Publikum ist begeistert. Überall dort, wo die Bevölkerung die freie Wahl hat, entscheidet sie sich früher oder später für den Kapitalismus.

Um die unwiderstehliche Anziehungskraft dieses auf Eigennutz und Geldgier beruhenden Systems zu erklären, sollten wir es einmal an den Maßstäben seines ärgsten Gegners messen – des Sozialismus. Wofür wollten die hohlwangigen Proletarier der Käthe Kollwitz einst die Welt aus den Angeln heben? Für ein besseres Leben, für das Volkseigentum an den Produktionsmitteln, für Frieden und gegen Nationalismus.

Ein Jahrhundert später hat sich zur allgemeinen Verblüffung einstiger Revolutionäre herausgestellt, daß ausgerechnet der Kapitalismus all diese Ziele verwirklichte. Tausendmal totgeschrieben, hat er sich durch alle Krisen und Katastrophen geschlängelt und erfreut sich bester Gesundheit. Gehen wir einmal die Punkte im einzelnen durch. Utopie Wohlstand: Der Kapitalismus hat nicht nur die Kapitalisten reich gemacht, sondern Milliarden von Menschen materielle Standards ermöglicht, von denen ihre Großeltern nicht zu träumen wagten. Wenn August Bebel geahnt hätte, daß die Nachfahren der proletarischen Klasse 82,6

Milliarden Mark jährlich auf Urlaubsreisen im Ausland verjubeln werden (Deutschland 1998), wäre ihm die Marktwirtschaft vielleicht in einem freundlicheren Licht erschienen.

Im Musterland des Kapitalismus, den USA, lagen die Reallöhne (also die inflationsbereinigte Kaufkraft der Arbeitnehmergehälter) 1990 mehr als achtmal so hoch wie 1900, obwohl die Arbeitszeit um ein Drittel kürzer war. In dieser Zeitspanne wurden Güter und Dienstleistungen für jedermann erschwinglich, die zu Beginn des 20. Jahrhunderts noch der Inbegriff von Luxus waren: vom eigenen Badezimmer bis zum Automobil. Diese gewaltige Wohlstandssteigerung fand zunächst in den alten Industrienationen statt und griff dann in der zweiten Hälfte des vergangenen Jahrhunderts auf immer mehr Länder über.

Auch die ehemals kolonisierten Habenichtse wurden reich, sofern sie den kapitalistischen Weg einschlugen. Seit den fünfziger Jahren haben die Japaner ihren Lebensstandard um das Achtfache gesteigert. Die anderen aufstrebenden Länder Asiens fast um das Siebenfache, und selbst in Indien stieg der Lebensstandard um den Faktor drei (siehe Kapitel *Der dritte Weltmarkt*, S. 43). Nicht nur dort, sondern auf allen Kontinenten außer Afrika, gehören Hungersnöte der Vergangenheit an. Obwohl sich die Menschheit im 20. Jahrhundert nahezu verdreifacht hat, leben die Menschen heute länger und haben mehr zu essen. Mehr Mädchen und Jungen als jemals zuvor in der Menschheitsgeschichte können Schulen besuchen (wo sie dann sofort lernen, daß der Kapitalismus von Übel ist). Die Marxsche Verelendungstheorie wurde nicht nur in der westlichen Welt, sondern auch global widerlegt. Die Verfechter der Marktwirtschaft haben den Kalten Krieg haushoch gewonnen.

Kapitalismus und Freiheit sind zwei Seiten der gleichen Münze. In der wissenschaftlichen Studie »Economic Freedom of the World« des kanadischen Fraser Institute wurden über 100 Staaten der Erde nach den Kriterien für Reichtum und Armut, Freiheit und Unterdrückung untersucht. Es stellt sich eindeutig heraus, daß eine klare Korrelation besteht zwischen dem Inlandsprodukt pro Kopf der Bevölkerung, dem Grad an staatlicher Wirtschaftslenkung und dem Maß an politischer Freiheit. Regel Nummer eins: Je kapitalistischer ein Land ist, desto reicher sind seine Bewohner. Regel Nummer zwei: Ökonomische Unfreiheit geht immer mit politischer Unterdrückung Hand in Hand. Es gibt keine dauerhaft wirtschaftlich erfolgreichen Diktaturen. Terrorregime, egal ob Nazideutschland oder Nordkorea, scheitern auch ökonomisch. Einzige (kurzfristige) Ausnahme: Das Chile der siebziger Jahren, wo Pinochets brutale Militärjunta sich aus der Wirtschaftspolitik heraushielt und diese einer Gruppe von Ökonomen überließ, die an der Universität Chicago mit dem Geist der liberalen Marktwirtschaft infiziert worden waren.

Die »moralische Niedrigkeit« (Messelken) des Kapitalismus hat offenbar ziemlich vielen Menschen zu Freiheit und einem warmen Mittagessen verholfen. Anstatt dies im 21. Jahrhundert einmal zur Kenntnis zu nehmen, erschaudern die Leser zeitgeistiger Erbauungsliteratur weiterhin vor der Kälte des Marktes. Doch ein Blick in die jüngere Geschichte zeigt: Wirklich schaurig wurde es immer dort, wo der Kapitalismus verloren hatte. Die beiden größten Hungerkatastrophen des 20. Jahrhunderts fanden in antikapitalistischen Systemen statt: Anfang der dreißiger Jahre in der Sowjetunion und Ende der fünfziger Jahre in China. Auch die äthiopische Hungersnot in den achtziger Jahren resultiert nur zum Teil aus natürlich bedingten Mißernten. Die Dürre hatte so verheerende Auswirkungen, weil das kommunistische Regime sein Volk planwirtschaftlich zwangsbeglücken wollte.

Aber was ist mit dem häufig vorgebrachten Argument, daß im Kommunismus zwar alle ärmer sind, aber wenigstens alle gleich arm? Auch falsch, das Gegenteil ist richtig. Im Kapitalismus sind nicht nur die Armen reicher, sondern der Abstand zwischen arm und reich ist auch geringer, als er in marxistischen Systemen war und ist. In der Sowjetunion kassierten mittlere Parteifunktionäre in Industriebetrieben real mehr als das Fünfzigfache der einfachen Arbeiter, wenn man die staatlich gewährten Privilegien wie Datscha, Dienstwagen und Urlaub zu ihrem Einkommen hinzurechnet. In westlichen Systemen dagegen verdient ein mittlerer Manager etwa das Vier- bis Fünffache eines Fabrikarbeiters. Ökonomen errechneten, daß bis zu einem Drittel des Volkseinkommens in kommunistischen Staaten in Form von Privilegien für Parteifunktionäre verbraten wurde.

Gemessen an den realen Preisen waren die Arbeitslöhne in der Sowjetunion 20 Jahre nach dem bolschewistischen Umsturz immer noch niedriger als in den letzten Jahren des alten Regimes (wer das nicht glauben mag, dem empfehlen wir Gerd Koenens Meisterwerk »Utopie der Säuberung«). In den dreißiger Jahren wurde obendrein die Arbeitslosenunterstützung abgeschafft und der Zwang zur Annahme jeglicher Arbeit eingeführt. Soviel zur sozialen Seite des Kommunismus.

Was hat der Kapitalismus aus dem zweiten großen Ziel der sozialistischen Bewegung, dem Volkseigentum an den Produktionsmitteln, gemacht? Auch auf diesem Feld waren die Profitgeier des Eigennutzes erfolgreicher als die fürsorglichen Glucken der sozialen Wärme. Jeder dritte Schwede, jeder vierte Amerikaner, jeder fünfte Engländer und jeder sechste Deutsche besaß zu Beginn des 21. Jahrhunderts Aktien. Große Konzerne wie etwa der Computerriese Cisco Systems motivieren ihre Mitarbeiter, indem sie sie – vom Pförtner bis zum Boß – am Firmenkapital beteiligen. In Deutschland steckt der Volkskapitalismus noch in den Kinderschuhen. Nur sechs Prozent aller Arbeitnehmer sind an ihrem eigenen Unternehmen beteiligt. Fast jeder zweite könnte sich aber – laut einer Forsa-Umfrage – eine Beteiligung vorstellen. Es waren die Gewerkschaften, die in der Vergangenheit solche Modelle vehement abgelehnt hatten. Begründung: So müsse der Fabrikarbeiter das unternehmerische Risiko mittragen; das sei ihm nicht zuzumuten. Doch nachdem immer mehr Fabrikarbeiter auch Aktienbesitzer sind, weicht die Ablehnungsfront im Gewerkschaftslager auf.

Zwar nennen die meisten Menschen nur eine Handvoll Wertpapiere ihr eigen, aber dennoch sind sie in einem viel direkteren Sinne Mitinhaber von Unternehmen, als es die Besitzer sozialistischen Volkseigentums je waren. Wer in den frühen sechziger Jahren – der Blütezeit der Staatsbetriebe in Westeuropa – sein Heimatland verließ, durfte seinen Anteil nicht mitnehmen. Ein Engländer, der nach Australien auswanderte, bekam beim Verlassen seines Landes keine einzige Aktie des staatlichen Stahlkonzerns, der Staatsbahn, der nationalen Bergwerke oder der Post ausgehändigt. Das Volkseigentum existierte nur in der Welt der schönen Worte, niemals jedoch konkret. Für die Bewohner kommunistischer Staaten stellte sich die Frage ohnehin nicht, denn sie durften nicht ausreisen.

Zu den Aktionären von heute gehören (wie »Die Zeit« boshafterweise bekanntgab) solche Lichtgestalten des Antikapitalismus wie der SPD-Sozialexperte Rudolf Dressler, der Betroffenheitsbarde Wolfgang Niedecken und der SZ-Polemiker Heribert Prantl, der von früh bis spät die Unmoral des »shareholder value« anprangert. »Mit dem Kapitalismus ist es ein merkwürdig Ding«, schrieb der Politikwissenschaftler Ralf Altenhof. »Von seinen Wohltaten möchte jeder profitieren, für ihn Partei zu ergreifen überläßt man lieber anderen.«

Übrigens existiert im Kapitalismus parallel zum privaten Aktieneigentum noch eine zweite – unpersönlichere – Form von massenhafter Teilhaberschaft. In den USA und Großbritannien besitzen die Pensionsfonds, die die sozialen Interessen von Millionen Menschen vertreten, einen gewaltigen Anteil am Firmenkapital des Landes. Die Vertreter dieser Fonds verfügen über eine beträchtliche Macht und üben Druck auf Unternehmen aus. Es kam schon vor, daß die Chefs großer Pensionsfonds auf einen

Schlag das gesamte Management von Firmen feuerten, in die sie investiert hatten. Die großen Aktienfonds sind die treibende Kraft hinter dem modernen Kapitalismus. Und hinter den großen Fonds stehen Millionen kleiner Anleger. Die Zahl der Besitzer von Fondsanteilen stieg in Deutschland um die Jahrhundertwende am stärksten in den unteren Einkommensgruppen. Dies ist die andere Seite des vielgeschmähten Begriffs »shareholder value«.

Sozialistisches Ziel Nummer Vier: Nie wieder Krieg! Wo war die Welt im 20. Jahrhundert am friedlichsten? Richtig: Dort, wo sie am kapitalistischsten war. Zwar kann man den Ersten Weltkrieg durchaus als kapitalistischen Krieg interpretieren, obwohl die Rivalitäten der europäischen Nationalstaaten und die Autonomiebestrebungen im österreichisch-ungarischen Vielvölkerstaat vermutlich entscheidender waren als die Interessen von Krupp und Thyssen. Jedoch schon der Zweite Weltkrieg wurde von einer entschieden antikapitalistischen Bewegung entfacht, den Nationalsozialisten. Ihr erklärtes Ziel war, die liberale Marktwirtschaft (»englische Plutokraten«, »internationales Finanzjudentum«) zu vernichten. Die zweite Hauptkampflinie verlief zwischen Deutschland und Rußland, deren Führer alle beide den Kapitalismus zum Teufel wünschten.

Die späteren Kriege des 20. Jahrhunderts können ebenfalls nicht – wie es dem linken Klischee entspricht – den Hyänen der Wall Street angelastet werden. Oftmals waren es kommunistische oder antikapitalistisch-nationalistische Staaten, die ihre Nachbarn überfielen: Nordkorea, Irak, Serbien. Die größten Völkermorde des Jahrhunderts wurden – wie im Schwarzbuch Kommunismus detailliert nachzulesen ist – ebenfalls nicht von skrupellosen Geldsäcken begangen, die ihre Profite maximieren wollten, sondern in der Regel von eher asketischen Ideologen wie Hitler, Stalin und Mao Tse-tung, die Massenmorde im Geiste höherer Ziele anordneten.

Bliebe das letzte Ziel im letzten Gefecht: Der Internationalismus. Niemand denkt globaler als die Bosse von Coca-Cola und McDonald's. Wer freut sich über grenzenlose Reisefreiheit der Menschen, über grenzenlosen Warenverkehr und den grenzenlosen Austausch von Ideen? Die Antikapitalisten in Kuba, Nordkorea, Iran oder Afghanistan? Nein, ihre Gegner, die Volksfeinde aus den Reihen des Neoliberalismus, Turbokapitalismus, Kasinokapitalismus (und wie die Schimpfwörter für Freiheit sonst noch alle lauten).

Fazit: Der Kapitalismus hat in erheblichem Maße verwirklicht, wovon die Sozialisten träumten: Internationalismus, Frieden, Gemeineigentum an den Produktionsmitteln und Wohlstand für alle. Das werden ihm die Kulturbeamten und Pfarrer nie verzeihen. Die Enkel der hohlwangigen Kollwitz-Proletarier finden die unkultivierte Konsumhölle jedoch nicht so unerträglich, wie unsere geistige Elite es vorgibt. Und was die Völker der Dritten Welt betrifft: Sie träumen längst vom Modell Singapur und nicht vom Modell Havanna.

Was macht man mit einem Gegner, der gesund und erfolgreich ist, gut aussieht und jede Menge Kohle hat? Man sucht in seiner Vergangenheit nach dunklen Flecken. Deshalb muß die Kindheit des Kapitalismus immer wieder herhalten, um dem bösen Profitsystem doch noch moralisch eins überbraten zu können.

Das Buch des erfolgreichen Textilfabrikanten, Baumwollbörsenspekulanten und Kommunisten Friedrich Engels über »Die Lage der arbeitenden Klasse in England« (1845) prägt bis heute das Bild der Industrialisierung, welches sich in den Schulbüchern und im öffentlichen Bewußtsein festgesetzt hat. Und der deutsche Sozialist Ferdinand Lassalle prägte einen schier unsterblichen Kampfbegriff dafür: »Manchestertum«. Der Frühkapitalismus, so der historische Mythos, brachte Hunger und Elend über Menschen, die vorher in ländlicher Idylle ein beschauliches Leben geführt hatten. Klingt überzeugend, ist aber falsch. »Die einsetzende Industrialisierung«, schreibt der Ökonom Roland Baader, »hat das Elend sukzessive gemildert und im Verlauf weniger Jahrzehnte sogar fast vollständig beseitigt.« Denn das Elend war schon längst auf der Welt, als der Kapitalismus geboren wurde. Die Leute flohen förmlich in die Fabriken, weil die Not auf dem Lande noch viel größer war.

Zwischen 1750 und 1910 wuchs allein die Bevölkerung der deutschen Länder von 18 Millionen auf über 58 Millionen an, ohne daß eine nennenswerte Produktivitätssteigerung stattgefunden hätte. Die Agrargesellschaft stand zu Beginn der Industrialisierung vor dem Hungertod. Die schrecklichen Szenen der Armut, für die der Kapitalismus verantwortlich gemacht wurde, waren, so der Ökonom Franz Oppenheimer im Jahre 1919, »nicht im mindesten Nova, sondern uralte Tatsachen; und sie waren nicht erst soeben in den Städten entstanden, sondern sie waren nur soeben auf dem städtischen Schauplatz erschienen.« In der Welt der Kleinbauern und Landarbeiter, auf die die Blicke der städtischen Volkswirte nie gefallen waren, war Armut in einem für Stadtbewohner unvorstellbaren Ausmaß alltäglich.

In der Zeit zwischen 1450 und 1800, so Baader, war der Reallohn um die Hälfte gesunken. Mit Aufkommen der Fabriken stieg er im Laufe des 19. Jahrhunderts um mehr als das Doppelte und verdoppelte sich erneut zwischen 1900 und 1925. Während das Agrarland Irland ein Fünftel seiner Einwohner durch Hungertod, Krankheit und Auswanderung verlor, konnte sich die englische Bevölkerung dank Kapitalismus verdoppeln und ihren Lebensstandard dennoch allmählich steigern.

Doch die deutschen Oberlehrer zementierten eifrig das Vorurteil, der Kapitalismus habe das Elend hervorgebracht, welches er in Wirklichkeit nur sichtbar gemacht hatte. Das Schmähwort »Manchestertum«, bei konservativen Nationalisten und Linken gleichermaßen beliebt, versetzte den deutschen Liberalen einen politischen Hieb, von dem sie sich bis heute nicht richtig erholt haben. »Durch ihn«, so der amerikanische Historiker Ralph Raico, »wurden die deutschen Gelehrten, Journalisten und Politiker, die für eine liberale Wirtschaft eintraten, als Außenseiter gebrandmarkt, als Verfechter einer fremden Ideologie, und zwar der Ideologie einer Nation, England, die vielfach beneidet und der oft mißtraut wurde.«

Dabei war das vielgeschmähte Manchestertum in Wahrheit eine soziale Bewegung für Chancengleichheit und gegen Privilegien. Anfang des 19. Jahrhunderts mobilisierten die beiden liberalen Industriellen Richard Cobden und John Bright aus Manchester den Protest gegen das sogenannte »Corn Law«, mit dem der Staat billigen ausländischen Weizen durch Zölle künstlich verteuerte. Damit sollten die englischen Gutsbesitzer vor unliebsamer Konkurrenz geschützt werden. Die Leidtragenden waren die Armen, denen billiges Brot vorenthalten wurde. Deshalb schlossen sich die Proletarier massenhaft den Manchester-Liberalen an. Ihr Kampf hatte Erfolg: 1846 wurde das protektionistische »Corn Law« abgeschafft.

Das Schlußwort dieses Kapitels gebührt dem großen deutschen Sozialisten und einstigen Cheftheoretiker der SPD Karl Kautsky (1854 – 1938): »Würde uns nachgewiesen, daß etwa die Befreiung des Proletariats und der Menschheit überhaupt auf der Grundlage des Privateigentums an Produktionsmitteln allein oder am zweckmäßigsten zu erreichen sei ..., dann müßten wir den Sozialismus über Bord werfen, ohne unser Endziel im geringsten aufzugeben, ja wir müßten das tun, gerade im Interesse dieses Endzieles.« Gut gesagt, lieber Karl, aber leider haben viele deiner Genossen lieber das Ziel vergessen und den Sozialismus an Bord behalten.

Kapitel 2

Der Mensch ist gut,
aber die Leut' sind schlecht.

Karl Valentin

The Good, the Bad and the Ugly

Wie Bösewichter die Welt verbessern

Die Menschen wünschen sich meist gütige Herrscher und nette Bosse, sensible Politiker und auf Harmonie gepolte Parteien. Doch zum Glück geht dieser Wunsch nur teilweise in Erfüllung. Mit Sentimentalität ist nämlich weder ein Staat noch eine Wirtschaft zu machen. Rücksichtslose und egoistische Politiker, knallharte Manager und sinistre Profitmaximierer bringen der Allgemeinheit oft viel größeren Nutzen als die geliebten Schmusetypen. Wer den Verstand einschaltet, wer also Rationalität über Gefühl setzt, Realität über Image, Kalkül über Spontaneität, der kommt um eine Ehrenrettung manch böser Führungsfiguren nicht umhin. Deshalb erlauben wir uns hier einen teuflischen Vergleichstest zwischen Gut und Böse anhand von drei Beispielen.

Fallbeispiel 1: Prinzessin Diana und Margaret Thatcher

Selten trafen das Gute und das Böse so unmittelbar aufeinander. Zwei Frauen, Britinnen obendrein, die Geschichte machten, jede auf ihre Art. Hier Diana, die engelsgleiche Königin der Herzen, da Margaret Thatcher, »eiserne Lady« und Alptraum aller Gutmeinenden. Hier das scheue Reh mit dem elfenhaften Lächeln – da der konservative Rottweiler mit den gefletschten Reißzähnen des Turbokapitalismus. Hier die tragisch verunfallte Prinzessin, der zweieinhalb Milliarden Fernsehzuschauer die größte Trauerfeier aller Zeiten widmeten. Da der selbstgerechte, harte und lieblose Politdrachen, der schließlich von seiner eigenen Partei gestürzt wurde. Wie wird die Nachwelt über die beiden Damen urteilen? Was bleibt?

Diana weht unverdrossen als »Göttin«, »Schwan« oder »Heilige« durch den Blätterwald. Tony Blair beförderte sie posthum zur »Prinzessin der einfachen Leute« – gleichsam zum Ehrenmitglied der Labour Party. Das ist natürlich Quatsch: Diana verkehrte privat vorzugsweise mit Schnöseln, Snobs und Schlagersängern. Sie wurde als Tochter des vermögenden Lord Spencer geboren. Ihren Gatten, den Prinzen, lernte sie nicht in der Vorstadt-Disco, sondern auf der Jagd hoch zu Roß kennen. Aber das ist Privatsache. Öffentlich hat sie einen guten Job gemacht. Sie zeigte sich bei TV-Terminen mit einfachen Leuten, mit Armen und Kranken, mit Aids- und Minenopfern. Als Schirmherrin oder Präsidentin beglückte sie über 100 soziale Einrichtungen und deren Klientel mit ihrem scheuen Lächeln (und sammelte so manchen Spendengroschen ein). Man könnte auch sagen: Sie diente ihrem Vaterland als soziale Märchenfee. Diana bot den Briten (und nicht nur diesen) eine unbefleckte Projektionsfläche für das Gefühlsselige, sie verkörperte das Gute schlechthin. Deshalb kann ihr keiner böse sein.

Ganz anders bei Margaret Thatcher. Die Ex-Premierministerin und Tochter eines Lebensmittelhändlers stieg mit großer Rücksichtslosigkeit auf und auch wieder ab. Die ehrgeizige Dame hat despotische Züge, behandelte ihre Umgebung während ihrer Amtszeit oft schroff und demütigend. »Attila, die Henne« (in Anspielung auf »Attila, der Hunne«), wie sie genannt wurde, ging keinem Streit aus dem Weg, besonders wenn es ums Grundsätzliche ging. Und ums Ganze ging es während ihrer gesamten Regierungszeit.

Als sie 1979 an die Macht kam, war Großbritannien auf dem besten Weg, ein Dritte-Welt-Land zu werden. Die halbe Nation bezog Arbeitslosenunterstützung, die andere Hälfte Streikgeld. Man hatte sich sogar Geld vom internationalen Währungsfonds leihen müssen, um den Staatsbankrott zu verhindern. Dennoch war niemand im Land bereit, auch nur den kleinsten Einschnitt in die ausgeuferten Sozialsysteme hinzunehmen. Da sich große Teile der Wirtschaft auch noch in Staatsbesitz befanden, schien die Lage aussichtslos.

Als Beispiel mag die damals verstaatlichte britische Automobilindustrie gelten. Von Streiks und unfähigen Funktionären auf den Chefsesseln gelähmt, geriet sie immer mehr auf die abschüssige Bahn Richtung Schrottplatz. Entsprechend motiviert war die Belegschaft. Klappergeräusche durch eine in der Türfüllung zurückgelassene Teetasse galten als leichtes Vergehen, eine Whisky-Flasche als mittelschwerer Fall. Bei Verbraucherschützern erlangte das englische Automobil rasch den Ruf einer ideellen Gesamtzitrone. Der britische Bürger bezahlte mit seinen Steuern Autos, die er freiwillig um keinen Preis der Welt kaufen wollte. So etwas kommt dabei raus, wenn der Staat Autos baut.

Mit Gefühlsseligkeit war der »britischen Krankheit«, wie die Misere genannt wurde, nicht beizukommen. Frau Thatcher hatte deshalb absolut nicht vor, die fürsorgliche Tante zu spielen. »Wir sollten vom Staat nicht erwarten«, erklärte sie kurz nach ihrer Amtsübernahme, »daß er bei jeder Taufe als verschwenderische gute Fee erscheint, in jeder Phase der Lebensreise als ein redseliger Gefährte und bei jeder Trauerfeier als unbekannter Trauergast.« Sie wollte den »Kindermädchenstaat« mit seiner lebenslangen »Verhätschelung« durch eine »Unternehmerkultur« ersetzen. »Die beiden großen Probleme der britischen Wirtschaft«, erklärte sie, »sind das Monopol der verstaatlichten Industrien und das Monopol der Gewerkschaften.« Beides werde sie abschaffen. Das war eine Kriegserklärung. Beinahe hätte Thatcher den Kampf verloren, denn bevor es besser werden konnte, wurde alles erst noch schlechter. Niemand wollte einsehen, daß die Arbeitsplätze, die Margaret Thatcher zur Disposition stellte, längst von einem maroden Wirtschaftssystem vernichtet worden waren. Die Überbringerin der schlechten Nachricht wurde abgestraft: Margaret Thatcher war alsbald der unpopulärste Premier seit Einführung der Meinungsumfragen – was ihre Rauflust nur noch steigerte.

Als ihre eigene Partei kalte Füße bekam und einen Kurswechsel wünschte, gab sie zu Protokoll: »Kehren Sie um, wenn Sie wollen«, und dann fügte sie hinzu: »Die Dame (Thatcher) ist nicht fürs Umkehren« (»The Lady is not for turning«). Dieses wurde ihr berühmtester Ausspruch. Herrisch, unduldsam und oft arrogant feuerte sie unter anderem Sir Christopher Soames aus dem Kabinett, einen Grandseigneur der Tories und Schwiegersohn von Winston Churchill. Der verstörte Aristokrat gab danach zu Protokoll, daß eine Frau noch nie in so beleidigender Weise mit ihm gesprochen habe. Was die kleinbürgerliche Aufsteigerin Thatcher mit der Bemerkung konterte: »Der hatte wohl das Gefühl, von seinem Dienstmädchen entlassen worden zu sein.« Frau Thatcher war keine »Königin der einfachen Leute«, sie stammte selbst aus dem gemeinen Volk.

Doch dann schickte der Himmel der »eisernen Lady« einen richtigen kleinen Krieg: Die argentinische Militärjunta besetzte die Falklandinseln. Thatcher griff zur Keule, eroberte die Inseln zurück und stürzte damit indirekt die argentinische Militärregierung. Ihre Popularität bei den Briten stieg daraufhin raketenartig. Dies brachte sie in die Position, nun zu Hause in die Entscheidungsschlacht zu ziehen – gegen die allmächtige nationale Bergarbeitergewerkschaft. Deren charismatischer Führer, Arthur Scargill, lehnte die Schließung jeglicher Zeche ab, egal wie hoch deren Verluste waren (und sie waren astronomisch). Für Scargills Streikkasse sammelten Sozialdemokraten in ganz Europa, sogar die Sowjetunion unterstützte die britischen Bergarbeiter.

Der Streik verlief erbittert und häufig gewalttätig. Einschüchterungen arbeitswilliger Bergleute waren an der Tagesordnung. Erst nach über einem Jahr Kampf war Scargills Macht gebrochen. Dies markierte den entscheidenden Wendepunkt. »Die Jahrzehnte des Arbeitsplatzprotektionismus, für die das Land mit mangelnder Flexibilität, roten Zahlen und verlorenem Wirtschaftswachstum teuer bezahlt hatte, waren vorüber«, schreiben Daniel Yergin und Joseph Stanislaw in ihrem Buch »Staat oder Markt«. Der Grundstein für die wirtschaftliche Gesundung Englands war gelegt.

Ende der neunziger Jahre stieg Großbritannien zum beliebtesten europäischen Standort für ausländische Investoren auf, die Arbeitslosenquote sank auf historische Tiefstände. Vor allem aber fand die Nation ein neues Selbstbewußtsein. Die Briten sind wieder da. Kreativ und cool und wie immer gut gelaunt. Das neu erwachte britische Selbstbewußtsein vertreten oft charismatische Aufsteiger und Selfmademänner: der Architekt Norman Foster, das Arbeiterkind aus Manchester, prägt die Skylines von Hongkong, Shanghai und Frankfurt (und entwarf die Kuppel des Reichstags), der Designer Sir Terence Conran füllt die internationalen Wohnzeitschriften, richtet weltweit Schicki-Restaurants ein und gilt als »Buddha des guten Geschmacks« und »Apostel des urbanen Schicks« (Der Spiegel). Das Multitalent Richard Branson kultivierte einen völlig neuen und ziemlich respektlosen Typus des »Popunternehmers«.

»Attila, die Henne« wurde indes bereits 1990 von der eigenen Partei zum Teufel gejagt. Rücksichtslosigkeit und absolut kompromißlose Auffassungen entfremdeten sie sogar von ihren einst engsten Verbündeten. Margaret Thatcher wird wohl nicht den Aufstieg in den Olymp der Guten an die Seite von Prinzessin Diana schaffen. Und doch war die gänzlich unsentimentale Politikerin ein großer Glücksfall für Großbritannien. Sie hat dem Land letztendlich mehr gedient als alle britischen Prinzessinnen zusammen genommen. Und sie hat nicht nur die Briten aufgeweckt. Die Autoren des bereits zitierten Buches »Staat oder Markt« resümieren: »Einige Jahre lang schien der Thatcherismus beinahe überall der bestgehaßte Feind zu sein. Aber in den neunziger Jahren stellte sich heraus, daß Margaret Thatcher die neue ökonomische Agenda der ganzen Welt vorgezeichnet hatte.« Als faktischer (wenn auch nicht rhetorischer) Gralshüter ihres Erbes wirkt inzwischen Labour-Premier Tony Blair – ein Mitglied der Sozialistischen Internationale. Mephisto läßt grüßen: Das hat Margaret Thatcher garantiert nicht gewollt.

Fallbeispiel 2: Daniel Goeudevert und Ferdinand Piëch

Selten läßt sich der Unterschied zwischen Gutmeinen und Gutmachen so plastisch durchdeklinieren wie anhand der beiden Manager Daniel Goeudevert und Ferdinand Piëch. Beide erlebten ihren Aufstieg in der Automobilindustrie und drangen bis in die oberste Etage des Volkswagen-Konzerns vor. Und dort kam es schließlich zum Showdown: Piëch drängte Goeudevert raus (aber nicht nur diesen, sondern alle Vorstände, die er bei seinem Amtsantritt in Wolfsburg vorfand). Die von Piëch eiskalt durchgezogene Exekution Goeudeverts verfestigte die öffentliche Wahrnehmung der beiden Manager-Typen, denen dabei geradezu prototypische Rollen zufallen: Good guy und bad guy.

Auf der einen Seite der sympathische und trotz seiner Kugelstoßer-Statur irgendwie knuddelige Franzose, der als philosophisch beschlagener Querdenker verortet wird. Laut seinem autobiographischen Bestseller fühlte er sich während seiner Karriere »wie ein Vogel im Aquarium«. Selbst Greenpeace feierte ihn als »Vordenker« mit »ökologischen Reformideen«. Auf der anderen Seite der hagere und stets leise, fast stockend sprechende Österreicher Piëch, ein finsterer und eiskalter Machtmensch. Piëch hält nichts davon, sich in autobiographischen Bestsellern selbst darzustellen, sondern errichtet einen bedrohlich wirkenden Schutzwall des Schweigens und der Macht um sich herum.

Der Mann eignet sich hervorragend als Feindbild. Greenpeace führte den Porsche-Sproß und Milliardär denn auch als verschlagenen »Klimakiller« vor, weil der VW-Polo angeblich zuviel Sprit verbrauche, übersah dabei geflissentlich, daß Vorgänger Goeudevert dieses Auto zu verantworten hatte. Piëch hat keine Freunde im Kreise der Gutmeinenden. Selbst um Objektivität bemühte Zeitgenossen attestieren ihm eine »oft erschreckende Rigorosität«. »Charme«, sagt Piëch, »ist mir nicht gegeben. Ich muß mit dem zurechtkommen, was mir angeboren und anerzogen ist. Menschen mit Charme tun sich viel leichter.« Doch machen sie es auch besser?

Werfen wir daher zunächst einmal einen Blick auf die Verdienste des charmanten Daniel Goeudevert. Im Verlauf seiner Karriere sprang er munter zwischen den Automobilkonzernen Citroën, Renault, Ford und Volkswagen hin und her, auf und ab, meistens aber auf. Der kregle Manager gilt als begabter Autoverkäufer und verdankt seinen Aufstieg nach eigenen Worten dem Talent, »Kunden dazu zu bringen, gegen ihren Willen ein Auto zu kaufen«. Solch kritische Selbstreflexion erweist sich im Verlauf seiner kometenhaften Karriere als Bestandteil eines noch entscheidenderen Talents, nämlich sich selbst zu verkaufen. Aufsichtsräte waren von Goeudevert auch dann tief beeindruckt, wenn die wirtschaftlichen Ergebnisse eher trübselig wirkten. Die Aura des Quer- und Vordenkers wurde durch nachdenkliche Äußerungen befördert, in denen er alsbald »lineares Wachstum«

geißelte oder Verkehrssysteme forderte, »die im Einklang mit der Natur stehen und nicht gegen sie wirken«.

In seiner Selbstdarstellung erliegt er der Versuchung, sich als »Visionär« zu bezeichnen, »der die entscheidenden Ideen fünf Minuten vor den anderen hat«. Auf der Suche nach Goeudeverts entscheidenden Ideen gibt seine Autobiographie dann unter anderem folgendes her: Beim Ford Fiesta II hatte der Ford-Vorstandsvorsitzende Goeudevert die Idee, »stärker die Bedürfnisse von Frauen zu berücksichtigen«, scheiterte aber mit seinem Vorschlag, den Make-up-Spiegel auch »in die Sonnenblende über dem Fahrersitz zu installieren«. Ferner scheiterte er mit der Idee eines allradangetriebenen Geländewagens für die Massen (fürwahr ein bemerkenswerter Schritt auf dem Weg zu einem Verkehrssystem, das mit der Natur in Einklang steht).

Naturgemäß trifft ein Visionär und Naturliebhaber wie Goeudevert auf eine wesensverwandte Seele: den Biologen, Biokybernetiker und Systemdenker Frederic Vester. Dieser erstellt für den Ford-Boß eine aufsehenerregende, 500 Seiten umfassende, Mobilitätsstudie. Titel: »Ausfahrt Zukunft«. Wer die zentrale Aussage herausdestilliert, hält schließlich folgenden »biokybernetischen Denkansatz« in den Händen: Die Autoindustrie soll nur noch ganz kleine Autos bauen. Die sollen für längere Strecken auf die Bahn verladen und mitgenommen werden. Das war es. Ehrlich. Der Vorschlag, die Bahn jetzt auch noch mit irgendwelchen Stadtautos vollzustopfen, ist wirklich sehr quer gedacht. Wir haben zwar keine Biokybernetik studiert und sind auch sonst nicht genial, aber wir empfehlen: Man erwerbe eine Bahncard und nehme am Ziel einen kleinen Leihwagen. Funktioniert seit vielen Jahren prima.

Auch bei Volkswagen hinterließ der charismatische Daniel Goeudevert einen guten Eindruck, aber nicht die Spur eines neuen Verkehrssystems. Statt dessen blieben unter seiner Mitverantwortung Verluste in Höhe von zwei Milliarden Mark jährlich zurück. »Die Berufung des schwierigen, aber effizienten Porsche-Enkels Ferdinand Piëch an die Spitze des Volkswagenkonzerns, sogar mit den Stimmen der IG-Metall, signalisiert einen Bewußtseinswandel«, schreibt der Wirtschaftsjournalist Günther Ogger und führt weiter aus: »Wenn schon die VW-Aufsichtsräte den knochenharten Techniker Piëch, der sich und seinen Leuten das Letzte abverlangt, einem Schönredner wie Daniel Goeudevert vorziehen, dann könnte das ein Indiz dafür sein, daß die Zeit der Nieten in Nadelstreifen abzulaufen beginnt.«

Inzwischen lebt Goeudevert in der Schweiz und hat dort kapitalismuskritische Visionen. Manche davon nähren den Verdacht, der Vogel befinde sich nicht nur im Aquarium. »In unserer Shareholder-Value-Gesellschaft kommt immer erst die Rendite, dann die Moral«, läßt er uns wissen und geißelt den »Turbokapitalismus« und die Entwicklung zu immer schnelleren »High-Tech-Produkten für eine finanzielle Elite«. Die Arbeitslosigkeit hält Goeudevert für die »größte zivile Katastrophe des Jahrhunderts«. Auf die Idee, daß die seinerzeit bei Volkswagen gefährdeten Arbeitsplätze auch etwas mit ihm zu tun haben könnten, kommt er erst gar nicht. Außerdem fordert der Ex-VW-Vorstand, »daß derjenige, der solche Mammutunternehmen führt, auf seinem Ausbildungsweg so vorbereitet wird, daß er Effizienz mit einer Weltanschauung verbinden kann, in der Gerechtigkeit einen hohen Stellenwert hat«.

Darauf möchten wir antworten: Lieber Herr Goeudevert, solche Persönlichkeiten gibt es bereits heute. Beispielsweise einen gewissen Ferdinand Piëch, dessen Gerechtigkeitsgefühl ihm sagte, es sei an der Zeit, Ihnen Daniel Goeudevert, Lebewohl zu sagen. Dabei haben Sie eigentlich noch Glück gehabt, ein anderer Vorstand erhielt nämlich das unwiderstehliche Angebot, VW-Werksleiter in Shanghai zu werden. Wir geben durchaus zu, daß Piëch Taktgefühl ganz und gar vermissen läßt.

Mit seiner political correctness ist es ebenfalls nicht weit her.

Während einer Auseinandersetzung mit der Konkurrenz von General Motors um Industriespionage sagte er: »Wir befinden uns in einem gnadenlosen Krieg, immer wenn es um Krieg geht, sind am Ende weniger vorhanden, und es gibt immer Verlierer und Gewinner, und ich habe die Absicht, mit unseren Partnern, die VW in der gesamten Welt hat, der Sieger zu sein.« Öffentlichkeitsarbeiter und PR-Berater rangen angesichts der peinlichen Fernsehauftritte von Piëch um Fassung. Piëch gab den häßlichen Deutschen respektive Österreicher, Klaus Kinski hätte diese Rolle nicht besser spielen können. Piëch dachte auch nicht daran, sich irgendwie zu entschuldigen oder den Zerknirschten zu mimen. Der Mann ist, wie er ist: Besser geht's nicht. Mitarbeiter berichten, in seinem Büro gingen sogar die Grünpflanzen umgehend ein.

Piëch liebt nur die Technik und ist in das Auto vernarrt. Der Enkel von Ferdinand Porsche wird wohl auch von dem unstillbaren Ehrgeiz getrieben, mit seinem legendären Großvater gleichzuziehen. Man möchte ihn nicht zum Vorgesetzten haben, aber gegenüber dem Unternehmen, den Arbeitern am Fließband und der Gesellschaft beweist er Verantwortungsbewußtsein und soziale Kompetenz. Aus welcher Motivation heraus dies geschieht, ist letztendlich ziemlich egal.

Piëch schaffte es in kurzer Zeit, daß die meisten Arbeitsplätze in Wolfsburg wieder halbwegs sicher waren. Zusammen mit Betriebsräten und Gewerkschaften führte er die Viertage-Woche ein und sorgte dafür, daß niemand entlassen werden mußte. Das Unternehmen machte zur Jahrtausendwende dank erfolgreicher neuer Modelle und harter Rationalisierungsmaßnahmen wieder gute Gewinne. Neben Volkswagen sanierte er auch die Töchter Seat (Spanien) und Skoda (Tschechien). In der Industrie beispielgebend legte Volkswagen 1998 auch einen privaten Hilfsfonds für seine ehemaligen Zwangsarbeiter auf. 1999 gründete VW als erster deutscher Großkonzern einen Pensionsfonds, in den Mitarbeiter steuerfrei in Form sogenannter Zeitwertpapiere einzahlen. Der Gegenwert wird von den Fondsmanagern möglichst gewinnbringend angelegt. Schon 100.000 VW-Mitarbeiter nutzen diese neue Form der Altersvorsorge. Volkswagen veröffentlichte als erster Automobilhersteller einen Umweltbericht, das VW-Werk in Emden unterzog sich als erstes Werk der Branche einem sogenannten »Öko-Audit«. Im Herbst 1998 präsentierte der »Klimakiller« Piëch der neuen rot-grünen Regierung diabolisch lächelnd das erste Dreiliterauto der Welt. Im Herbst 2000 kündigte er sogar das Einliterauto für die absehbare Zukunft an.

»Piëch ist Leistung, er lebt Leistung, er reduziert sich konsequent auf das Prinzip Leistung«, schreibt die Wirtschaftsjournalistin Rita Stiens. Kaum ist eine Aufgabe gelöst, schon wird das nächsthöhere, noch ehrgeizigere Ziel in Angriff genommen. Und deshalb sagt er Sachen wie diese: »Wir brauchen das Dreiliter- oder Zweiliterauto in schneller Folge. Wenn uns das Einliterauto gelingt, können wir ganz China motorisieren. Wollen wir die Chinesen auf dem Fahrrad sitzen lassen? Das geht doch nicht. Ich sag' mal, ein Liter ist immer noch besser wie's Fahrrad.«

Daniel Goeudevert sieht das von der Höhe seines Schweizer Chalets ganz anders. »Da wird einem, der sein Leben lang zu Fuß gegangen ist, ein Auto angeboten«, sagte er in einem Interview mit dem Manager-Magazin, »aber wir fragen nicht, ob das zu seiner Kultur paßt, zu seinen echten Bedürfnissen.« Ach, hätte Piëch ihn doch nach Shanghai geschickt.

Fallbeispiel 3: Die Grünen und die OPEC

Was haben die Grünen mit der OPEC (der Organisation erdölexportierender Länder) zu tun? Wie kann man bloß die Partei der moralischen Lichtgestalten mit jenem miesen Kartell finsterer

Ölscheichs und Tyrannen in einen Topf werfen? Doch gemach: Man kann, man kann.

Schon rein historisch sind Moral- und Erdölkartell kommunizierende Röhren. Als die Grünen sich im Januar 1980 als Partei gründeten, war die Angst vor dem drohenden Weltende die Hauptmotivation für ihren Zusammenschluß. Berichte wie der des Club of Rome über »Die Grenzen des Wachstums« hatten eine Endzeitpsychose heraufbeschworen, die in einer politischen Kraft gebündelt werden mußte. Der Club of Rome prophezeite damals das Ende der Erdölvorräte für das Jahr 2000.

Die OPEC, die 1973 anläßlich des Jom-Kippur-Krieges einen Ölboykott gegen viele westliche Länder beschloß, hatte entscheidend den Boden für das Gedankengut des Club of Rome und die Verzichtsprogrammatik der Grünen bereitet – selbstverständlich, ohne daß die Ölstaaten dies auch nur im geringsten beabsichtigten. Auch die Idee, über eine Öko-Steuer den Umwelt- und Ressourcenverbrauch zu senken, entstand wenige Jahre nach der sogenannten Ölkrise.

Mathias Urbach formuliert in der Berliner Tageszeitung »taz« das Mephisto-Prinzip im Falle OPEC so: »Ganz unfreiwillig erfüllt die OPEC einen Zweck: Sie schärft das Bewußtsein für die Möglichkeit des Energiesparens, für die Suche nach umweltfreundlichen Alternativen. Wo stünde die Welt heute mit ihren Klimaschutzbemühungen, wenn die Ölkrisen den Energiehunger nicht etwas gebremst hätten. Natürlich liegt das nicht in der Absicht der OPEC-Staaten. Politisch gesehen gehören sie zu den ganz großen Bremsern in den internationalen Klimaschutzverhandlungen.«

Vor allem beweist die OPEC (also paradoxerweise ein Kartell), wie gut der Markt funktioniert: Die ökologisch wünschenswerte Effizienz insbesondere der rohstoffarmen europäischen Länder und Japans ist eine direkte Folge der in den siebziger Jahren hochgeschnellten Ölpreise. Und die seit den achtziger Jahren in den Keller gefallenen Preise waren eine direkte Folge der durch die Effizienzrevolution gesunkenen Nachfrage.

Die in den neunziger Jahren extrem niedrigen Ölpreise erzwangen dann eine moralische Nachbesserung auf Seiten von Grünen und Umweltschützern. Nachdem wider Erwarten Öl ebenso billig wie reichlich verfügbar war, wurde das Knappheitsargument gegen das Argument von der drohenden Klimakatastrophe ausgetauscht. »Genug Öl für die Klimakatastrophe«, titelte die »taz«. Das neue Szenario steht zwar wissenschaftlich auf ähnlich wackeligen Beinen, ist aber bis zum Zeitpunkt seiner politischen Erosion erst einmal international durchgesetzt.

Auf dieser Basis haben die Grünen (und nicht nur sie) die gute alte Öko-Steuer wieder hervorgezerrt. Diese wiederum beweist, daß Moral den Markt nicht ersetzen kann. Der Lenkungseffekt der in Deutschland verwirklichten Form der Öko-Steuer ist kein ökonomischer (hin zu mehr Wirtschaftlichkeit) und auch kein ökologischer (hin zu höherer Energieeffizienz), sondern ein moralischer: Eine simple Erhöhung vor allem der Mineralölsteuer trägt plötzlich die Monstranz der Weltrettung vor sich her. Ansonsten präsentiert sich die deutsche Öko-Steuer als bürokratisches Monstrum, mit zahllosen Ausnahmeregelungen (insbesondere für die größten Energieverbraucher!). Finanzwissenschaftler der Uni Köln, an und für sich der Öko-Steueridee nicht abgeneigt, attestieren ihr einen »zentralen Mangel«: Ihr umweltpolitischer Lenkungseffekt sei so gut wie nicht vorhanden.

Da loben wir uns doch die finsteren Gesellen von der OPEC. Im Verein mit der wieder gestiegenen Nachfrage trieben sie die Preise Anfang des neuen Jahrtausends auf ein neues Zehnjahreshoch – und zeigten den Grünen, wie moralisch hochstehend größere Gewinnmargen sein können. Der Benzinpreis kletterte in für deutsche Verhältnisse schwindelnde Höhen, und der Kauf sparsamer Kleinwagen zog deutlich an. Der grüne Umweltminister und Glaubenskrieger Jürgen Trittin saß plötzlich mit arabischen Mullahs in einem Boot, was uns als Sinnbild doch recht gut gefällt. Zumal auch die Fahne des Islam in sattem Grün gehalten ist.

Doch wenn zwei das gleiche tun, ist es noch lange nicht dasselbe. Eine rot-grüne Regierung, die höhere Benzinpreise via Öko-Steuer zuvor noch als »klimapolitisches Herzstück der Koalition« (Rezzo Schlauch) bezeichnete, verteufelte plötzlich raffgierige Mineralölkonzerne und Ölscheichs. »Bei jedem Tankstopp freut sich Gaddhafi«, brachte die Bild-Zeitung das personifizierte Böse ins Spiel und die Stimmung auf den Punkt. Dies läßt uns ratlos zurück mit der ebenso delikaten wie teuflischen Frage: Dürfen Tyrannen das Klima retten?

Kapitel 3

> Die Klage über die Schärfe des Wettbewerbs
> ist in Wirklichkeit meist nur
> eine Klage über den Mangel an Einfällen.
>
> *Walther Rathenau*

Der dritte Weltmarkt

Gerechtigkeit durch Globalisierung

Tansania Anfang der achtziger Jahre: Benzin ist rar, Seife eine Kostbarkeit, Zigaretten werden einzeln gehandelt. Fleisch, Gemüse und Reis sind knapp und teuer. Auch Städter gehen zur Selbstversorgung über. Sie legen an den Straßenrändern kleine Beete an und halten Kleinvieh. In den berühmten Nationalparks Tansanias schlachten Wilderer die Elefanten ab, ohne auf nennenswerten Widerstand zu stoßen. Denn Polizisten und Soldaten sind anderweitig beschäftigt. Als Raubritter halten sie Buschtaxis und Busse an, bestehlen die Passagiere und nehmen von den Fahrern Schutzgeld. Fabriken, die mit Entwicklungshilfegeldern gebaut wurden, stehen leer und bröseln still vor sich hin. Der Schwarzmarkt ist die einzig funktionierende Wirtschaft. Wer ein paar ausländische Geldscheine ergattert, kauft, was er kriegen kann.

Dabei war alles so gut gemeint gewesen. Julius Nyerere, der damalige Präsident des Landes, genoß weltweites Ansehen. Er galt als vorbildlicher afrikanischer Staatsmann, ein frommer Christ, der ohne Terror und Korruption regierte. Sein Traum vom afrikanischen Sozialismus kam bei den Intellektuellen in

Europa und Nordamerika bestens an. Für viele Sozialromantiker in Kulturbetrieb und Kirche war Nyerere eine Art sanfter Mao. Als besonders fortschrittlich priesen die Freunde Tansanias die weitgehende Abkopplung des Landes vom Welthandel. Der tansanische Führer fiel nicht auf die heimtückischen Verlockungen von Sony, Merck und McDonald's herein, sondern setzte statt dessen auf »Ujamaa«, sozialistische Musterdörfer, in die die Bauern mehr oder minder freiwillig einziehen sollten. Bei der Bevölkerung kam Tansanias Trennung vom Weltmarkt weniger gut an, denn sie führte direkt ins Elend.

Manche südostasiatischen Exkolonien waren einst unter ähnlichen ökonomischen Bedingungen in die Unabhängigkeit entlassen worden wie Ostafrika. Doch während Hongkong, Taiwan, Südkorea und Singapur ihren alten Kolonialmächten die Märkte streitig machten, sackte Tansania immer tiefer in die Armut.

Nachdem der Utopist Nyerere die tansanische Wirtschaft gründlich ruiniert hatte, zog er sich aufs Altenteil zurück. Seine Nachfolger brauchten viele Jahre, um den Scherbenhaufen aufzukehren, den er hinterlassen hatte. Doch der Mythos des legendären Afrosozialisten lebt weiter. So war noch Ende des 20. Jahrhunderts im Hardenberg-Lexikon zu lesen, Nyerere »hob den Lebensstandard durch einen an afrikanische Verhältnisse angepaßten Dorf-Sozialismus«.

»Dorf-Sozialismus«, solch romantische Floskeln wärmen die Herzen edelmütiger Globalisierungsgegner bis heute. Doch, oh Schreck, das kleine aufrechte Dorf, in dem Tradition noch etwas gilt und wo man sich abends bei Trommeln und Lagerfeuer die Schale Hirsebier teilt, wird von Toyota, Nokia, Nestlé und Telekom bedroht. Globalisierung heißt das schlimmste Schurkenstück des Kapitalismus seit Erfindung der Dampfmaschine. Bosse und Börsenspekulanten überziehen die Welt mit der Pest des Freihandels. Damit sie die Dritte Welt noch rücksichtsloser ausbeuten können, nehmen sie den Arbeitern in den alten Industrieländern die Jobs weg. Dabei kommen soziale Standards, Umweltschutz, Kultur sowie alles Schöne, Gute und Edle unter die Räder des internationalen Turbokapitalismus.

Um das zu verhindern, demonstrierten Nyereres geistige Enkel 1999 in Seattle gegen die Konferenz der WTO (Welthandelsorganisation) und wiederholen dieses Spektakel seither bei jedem Treffen internationaler Finanzfachleute, ob in Davos, London, Washington, Melbourne oder Prag. Die hauptberuflichen Bedenkenträger aus der talkenden Klasse wettern bei diesen Gelegenheiten vor jedem hingehaltenen Mikrophon gegen die bösen Globalisierer, und auf dem Buchmarkt stürmen die Antiglobalisierungskampfschriften die Bestsellerlisten. Ob »Die Globalisierungsfalle« (Martin und Schumann, Deutschland), »Der Terror der Ökonomie« (Forrester, Frankreich) oder »Das Ende der Arbeit« (Rifkin, USA): Ein begeistertes Publikum in Europa kauft, liest, glaubt und erschaudert vor den Grausamkeiten der Weltwirtschaft. In Entwicklungsländern sind die Auflagen nicht so hoch. Das mag daran liegen, daß die Menschen in den aufstrebenden Wirtschaften Asiens und Südamerikas den Welthandel gar nicht so übel finden. In Staaten jedoch, die von erklärten Globalisierungsgegnern regiert werden – Nordkorea und Kuba etwa – ist auch der Buchhandel nicht globalisiert. Dort müssen die Menschen nicht nur auf die Schriften von Forrester, Rifkin und Co. verzichten.

Auf Seiten der Globalisierungsgegner haben sich mal wieder alle versammelt, die es gut mit der Menschheit meinen: Deutsche PDS-Sozialisten und indische Hindu-Nationalisten, rechtskonservative Isolationisten aus den USA und Agrar-Lobbyisten aus Europa, Neonazis, religiöse Fanatiker und Kommunisten, Kirchenfürsten und Greenpeace. Gemeinsam wollen sie die Völker der Welt vor dem kapitalistischen Kraken retten.

Auf der anderen Seite lauern die bekannten Mächte des Bösen: McDonald's, Monsanto und die ganze Mafia aus Multis und

»neoliberalen« Deregulierern, die inzwischen sogar die altehrwürdigen sozialdemokratischen Parteien in England und Deutschland unterwandert haben. Das Wort »neoliberal« (freie Marktwirtschaft im ordnungspolitischen Rahmen des Staates) wird zu einer Schmutzvokabel erklärt, die inzwischen als Synonym für »anti-sozial« herhalten muß.

Protektionisten, Pseudolinke und Nationalisten veranstalten zwar ein mächtiges moralisches Getöse, kämpfen aber im Grunde gegen eine historische Chance der Entwicklungsländer. Wenn es den Bösewichtern der WTO eines Tages wirklich gelingen sollte, alle Handelsschranken, bürokratischen Wettbewerbsverzerrungen und staatlichen Subventionen abzuschaffen, erhalten Unternehmen aus Südafrika oder Thailand die gleichen Chancen auf dem Weltmarkt wie die Firmen aus den alten Industrieländern. Die traditionellen Platzhirsche Nordamerika, Europa und Japan können die Spielregeln dann nicht mehr allein bestimmen. Solidarität mit der Dritten Welt heißt heute, ihre wachsende ökonomische Kraft endlich ertragen zu lernen. Der Aufholprozeß ist längst im vollen Gange. Die globale Exportstatistik von 1999 zeigt: Das Ausfuhrvolumen der Entwicklungsländer ist mit 8,5 Prozent doppelt so schnell gewachsen wie der Durchschnitt des Welthandels. Von Anfang der neunziger Jahre bis 1999 erhöhte sich der Anteil der Entwicklungsländer am Warenhandel auf 27 Prozent. Auch einige der 29 ärmsten Staaten (darunter Bangladesch, Kambodscha und Haiti), die bisher als Stiefkinder der Globalisierung galten, verzeichneten 1999 erhebliche Exporterfolge.

Wovor wollen die Globalisierungsgegner in Gewerkschaften, Regierungen und Redaktionen eigentlich die Menschheit retten? Wie sieht der ökonomische Prozeß aus, der Globalisierung genannt wird? Fragen wir zwei Experten. »Die Bourgeoisie hat durch die Exploitation des Weltmarktes die Produktion und Konsumtion aller Länder kosmopolitisch gestaltet. Sie hat zum großen Bedauern der Reaktionäre den nationalen Boden der Industrie unter den Füßen weggezogen. Die uralten nationalen Industrien sind vernichtet worden und werden täglich vernichtet, sie werden verdrängt durch neue Industrien, die nicht mehr einheimische Rohstoffe, sondern den entlegensten Zonen angehörige Rohstoffe verarbeiten und deren Fabrikate nicht nur im Lande selbst, sondern in allen Weltteilen zugleich verbraucht werden. An die Stelle der alten, durch Landeserzeugnisse befriedigten Bedürfnisse treten neue, welche die Produkte der entferntesten Länder und Klimate zu ihrer Befriedigung erheischen. An die Stelle der alten lokalen und nationalen Selbstgenügsamkeit und Abgeschlossenheit tritt ein allseitiger Verkehr, eine allseitige Abhängigkeit der Nationen voneinander. Und wie in der materiellen, so auch in der geistigen Produktion. Die geistigen Erzeugnisse der einzelnen Nationen werden Gemeingut. Die nationale Einseitigkeit und Beschränktheit wird mehr und mehr unmöglich, und aus den vielen nationalen und lokalen Literaturen bildet sich eine Weltliteratur. Die Bourgeoisie reißt durch die rasche Verbesserung aller Produktionsinstrumente, durch die unendlich erleichterten Kommunikationen alle, auch die barbarischsten Nationen in die Zivilisation.«

Ersetzt man so altertümliche Begriffe wie »entlegenste Zonen« oder »barbarische Nationen« durch das modernere Wort »Entwicklungsländer«, beschreibt dieser über 150 Jahre alte Befund ziemlich treffend das Entstehen einer globalen Wirtschaft, in der die alten Industrien Europas an Bedeutung verlieren. Globalisierung ist also nichts Neues, sondern ein kontinuierlicher ökonomischer Prozeß, der durch bessere Kommunikations- und Transportmittel und fallende protektionistische Schranken immer weiter beschleunigt wird. Die aufstrebenden Exkolonien zählt der Text ebenso zu den erfolgreichen »global players«, wie die modernen, innovativen Industrien. Und ganz nebenbei, so die Autoren, schafft der dynamische Weltmarkt auch noch eine

Weltkultur, in der die »nationale Beschränktheit« von einer »Weltliteratur« abgelöst wird, die allseits zivilisatorische Werte vermittelt. Das Zitat stammt übrigens aus dem »Kommunistischen Manifest« von Marx und Engels. Die beiden wollten eine Weltrevolution herbeischreiben, die in einer sozialistischen Weltwirtschaft gipfeln sollte. Eine kapitalistische Weltwirtschaft erschien ihnen dabei wesentlich fortschrittlicher als ein geschlossener Nationalkapitalismus. Josef Stalin war es, der später den linken Internationalismus verwarf und die Ideologie vom nationalen Sozialismus in einem Land erfand.

Schauen wir uns einmal die Folgen des ungezügelten Turbokapitalismus an, mit dem die multinationalen Konzerne und ihre neoliberalen Kofferträger die Welt heimsuchen. Dankenswerterweise hat der schwedische Ökonom Mauricio Rojas die Wirtschaftsdaten der Globalisierung einmal zusammengetragen (»Arbeit ohne Ende«, Academia Verlag, Sankt Augustin). Das Fazit in Kurzfassung: Im vergangenen Vierteljahrhundert, also seit die Welt vom »Terror der Ökonomie« überzogen wird, konnten mehr Menschen der Armut entkommen und mehr Menschen einen Arbeitsplatz finden als je zuvor in der Geschichte. Nicht nur die Multis expandieren, auch die Zahl kleiner Firmen nahm weltweit zu. Zwischen 1980 und 1997 stieg die Anzahl der besetzten Arbeitsplätze auf der Welt um fast 800 Millionen an. Zwischen 1965 und 1995 stieg das durchschnittliche Pro-Kopf-Einkommen in Südkorea Jahr für Jahr um 7,2 Prozent, um 6,2 in Taiwan, um 5,6 in China, um 4,8 in Thailand, um 4,7 in Indonesien und sogar im armen Bangladesch noch um jährlich 1,6 Prozent.

Dieser neue Wohlstand kam nicht etwa nur einer kleinen Oberschicht zugute. Die beiden wichtigsten sozialen Indikatoren – Kindersterblichkeit und Lebenserwartung – sprechen hierzu eine deutliche Sprache. »Das Lebensniveau ist während der letzten 25 Jahre für Menschen in der ganzen Welt gestiegen«, heißt es im World Bank Atlas von 1999. »Die Kindersterblichkeit ist auf die Hälfte reduziert worden. Die durchschnittliche Lebenserwartung ist von 55 auf 67 Jahre angestiegen. Generell gesehen sind die Völker der Welt heute gesünder, besser ernährt und besser ausgebildet.«

Die einzige Alternative zu Armut und Unterentwicklung heißt Globalisierung. Mehr und mehr Länder werden dynamische Partner einer weltweit expandierenden Ökonomie. Wer den Aufstieg der Dritten Welt wirklich beschleunigen will, sollte lieber gegen Handelsschranken kämpfen, als in Seattle, Melbourne oder sonstwo Barrikaden zu errichten und gegen die Globalisierung zu demonstrieren. Die erfolgreichsten ehemaligen Kolonien setzen konsequent auf freien Handel und holen sich die bösen Multis ins Land (die trotz Niedriglöhnen ihre Arbeiter meist besser bezahlen als die einheimischen Fabrikanten). Der Zufluß von Privatkapital in Entwicklungsländer hat stark zugenommen. Nach Berechnungen des Internationalen Finanzinstituts wurden 1999 über 180 Milliarden Dollar in Entwicklungs- und Schwellenländer investiert.

Die Armenhäuser der Welt sind Staaten, die auf Autarkie und Abschottung pochen. »Einer der verheerendsten Mythen unserer Zeit«, schrieb der peruanische Schriftsteller Mario Vargas Llosa, »ist der Mythos, daß die armen Länder arm sind, weil die reichen Länder sich gegen sie verschworen haben und sie zum Zweck der Ausbeutung in dem Zustand der Unterentwicklung halten. Es gibt keine bessere Weltanschauung, um sich auf ewig in der Rückständigkeit einzurichten. Denn diese Theorie ist jetzt falsch. In der Vergangenheit hing der Wohlstand fast ausschließlich von der Geographie und von der ökonomischen Stärke ab. Aber die Internationalisierung des modernen Lebens – der Märkte, der Technik, des Kapitals – erlaubt jedem Land, selbst dem kleinsten und mittellosesten, ein rasches Wachstum, wenn es sich der Welt öffnet und seine Wirtschaft wettbewerbsgerecht organisiert.«

Das winzige Indianerdorf Maruranau mitten im Dschungel Guyanas macht es vor. Seit einiger Zeit verkaufen die dortigen Indianer ihre kunstvoll gewebten Hängematten erfolgreich übers Internet.

Es gibt natürlich auch Länder, in denen Arbeitsplätze abgebaut wurden, hauptsächlich sind es die alten Industriestaaten Europas. In Deutschland, Frankreich und einigen anderen Nationen sank in den achtziger und neunziger Jahren die Zahl der Jobs. Überregulierung, bürokratische Hemmnisse, hohe Sozialkosten und eine unternehmerfeindliche Grundstimmung haben diese Gesellschaften gegen Ende des 20. Jahrhunderts erstarren lassen. Die Regierungen dieser Länder unterstützten veraltete Industrien und eine Landwirtschaft, die an den Märkten vorbei produziert (und tun es teilweise heute noch).

Europäische Arbeitsplatzbesitzer, Beamte und Subventionsempfänger wollen, daß alles so bleibt, wie es ist. Die rundum Abgesicherten verteidigen ihre Privilegien gegen chancenlose Arbeitslose. Kein Wunder, daß ausgerechnet in diesen Ländern die Anti-Globalisierungs-Schriften der Renner sind. Die Profiteure der Erstarrung ahnen, daß irgendwo da draußen in der Welt dynamische, motivierte und fleißige Menschen sitzen, die ihnen ihre angestammten Absatzmärkte abnehmen könnten.

Eine Weihnachtsspende für den armen Kaffeepflücker in Nicaragua? Aber gern. Wehe jedoch, wenn dessen Tochter nicht mehr Kaffee pflücken möchte und Softwareentwicklerin wird. Wenn plötzlich billige und gute Computer, Textilien oder Autos auf die europäischen Märkte drängen – aus Ländern, die vorher jahrzehntelang in der Rolle des willigen Abnehmers europäischer Waren gefangen waren. Dann ist es schnell vorbei mit der »internationalen Solidarität«. Dann protestieren die Bosse der Altindustrien mit den Gewerkschaftern Hand in Hand: Brot für die Welt – aber die Wurst bleibt hier!

In ihrem hervorragenden Buch »Reichtum von unten« schreiben die beiden Dritte-Welt-Experten Günter Faltin und Jürgen Zimmer: »Europäische Unternehmer und Gewerkschaften sind – im Weltmaßstab gesehen – Teil eines feudalen Systems. Sie trachten gemeinsam danach, den Ausgleich zwischen dem reichen Norden und dem armen Süden zu verhindern.« Faltin und Zimmer empfehlen: »Schleift möglichst bald die Festung Europa!«

Hätten die armen Länder freien Zugang zum Weltmarkt für Agrarprodukte, könnten die 48 ärmsten Staaten der Erde jährlich 36 Milliarden Dollar mehr einnehmen, errechnete die Weltbank. Doch die reichen Industriestaaten verhindern die Globalisierung der Märkte und verhängen für landwirtschaftliche Produkte – die für manche armen Länder die einzigen Exportgüter sind – noch wesentlich höhere Einfuhrschranken als für Industriegüter. Das Globalisierungslamento wird hierzulande geschürt, um die eigenen Privilegien gegen die Konkurrenz der aufstrebenden Nationen abzuschotten. Denn Protektionismus schützt nicht den Reichtum eines Landes, sondern den Reichtum der Reichen. Werden die Grenzen dicht gemacht, profitieren davon nur träge, veraltete Industrien und eine marode Landwirtschaft, die vom Staat einen Schutzraum für hohe Preise und gestrige Produkte erhalten. Die (sich oftmals links wähnenden) Globalisierungsgegner liefern eine willkommene ideologische Rechtfertigung dazu.

Wenn die Globalisierung den Entwicklungsländern Chancen eröffnet, so warnen die Protektionisten, so kostet sie doch Arbeitsplätze in den westlichen Industrieländern. Rojas widerlegt auch diesen Irrglauben. Nordamerika und Europa exportieren weitaus mehr in die neuen Wachstumsländer des Südens als umgekehrt. Auch der Norden profitiert von der Globalisierung. In vielen alten Industriestaaten stieg die Zahl der Arbeitsplätze ebenfalls an, allen voran in den USA, wo sie zwischen 1975 und 1995 um über 45 Prozent wuchs, weitaus stärker als in den zwei

Jahrzehnten zuvor. Aber – rufen da sofort die deutschen Bedenkenträger – das sind doch alles Billigjobs, Leute, die für ein paar Dollar im Supermarkt die Einkaufstüte vollpacken oder den Reichen die Hunde ausführen. Auch falsch. Fast die Hälfte der seit 1983 zusätzlich entstandenen Jobs in den USA sind hochqualifiziert und bestens bezahlt. Ein knappes Drittel liegt im mittleren Bereich. Der Rest (18,45 Prozent) jobbt tatsächlich für Billiglöhne, statt – wie bei uns – von Sozialhilfe zu leben. Eine wichtige Ursache für häufig angeprangerte Ungleichheit in den USA sind übrigens die 16 Millionen Menschen, die in den vergangenen 20 Jahren zumeist aus armen Ländern einwanderten. Nimmt man diese aus der Statistik, ist die Zunahme der Armut plötzlich verschwunden.

Staatliche Politik, in den Augen der Freihandelsgegner ein Quell des Guten, heißt es, habe durch die Globalisierung die gestalterischen Einflußmöglichkeiten auf die gesellschaftliche Entwicklung verloren. Der Sozialstaat werde von der globalen kapitalistischen Deregulierungswut in die Knie gezwungen. »Ein merkwürdiges Gerücht«, konstatiert der SPD-Politiker Klaus von Dohnanyi, »wenn man bedenkt, wie unterschiedlich erfolgreich die Nationen Europas der neuen Entwicklung begegnen. Denn was außer verschiedener Politik könnte diese Unterschiede erklären?« Ein Blick über den Tellerrand genügt: Holland hat sich als lernfähig und experimentierfreudig erwiesen und ist erfolgreich. Deutschland hat sich lange Zeit konservativ verschanzt und hinkt hinterher.

Sobald die sozialen Argumente sich als Unfug entpuppen, wird die Öko-Keule geschwungen: Der globale Turbokapitalismus wird zur Ausplünderung der Natur und zur Verschmutzung der Umwelt führen. Deshalb marschierten in Seattle die Truppen von Greenpeace und Co. neben protektionistischen Gewerkschaftern, Bauernfunktionären und Ausländerfeinden. Doch der grüne Protest zielt meilenweit an der Realität vorbei.

WTO-Generaldirektor Mike Moore trifft dagegen den Nagel auf den Kopf: »Armut ist der größte Feind der Umwelt.« Wenn es gelingt, den Protektionismus abzuschaffen, entstehen genug ökonomische Anreize für Umweltschutz und die Bewahrung der Natur. Die dazu notwendige Technik wird dann auch für Entwicklungsländer erschwinglich. Untersuchungen der Weltbank haben ergeben, daß die Umwelt überall dort sauberer wird, wo Gesellschaften ein gewisses Wohlstandsniveau erreichen. Ab einem durchschnittlichen Jahreseinkommen von etwa 3.700 Dollar pro Kopf sinkt die Luftverschmutzung in Städten. Bei wachsendem Bruttosozialprodukt können sich immer mehr Gemeinden Kläranlagen leisten und immer mehr Menschen sauberes Wasser trinken. Kapitalismus und offene Märkte erweisen sich hierbei als überaus segensreich. Die FAO stellte in einer Untersuchung über die Gefahren von Agrarchemikalien fest, daß staatliche Planungsbehörden dazu neigen, ein Übermaß an giftigen Pflanzenschutzmitteln einzukaufen, weil ihnen der reale Bedarf der Bauern nicht bekannt ist. Ist die Wirtschaft jedoch privat organisiert, entstehen selten solche lebensbedrohlichen Gifthalden.

Der wahre Feind von Natur und Umwelt ist nicht die Globalisierung, sondern die nationalstaatliche Subventionitis. Damit werden schmutzige Dinosaurierindustrien künstlich am Leben erhalten, die Überfischung der Meere gefördert und eine Landwirtschaft belohnt, die Böden, Flüsse und Luft verpestet. Als China beispielsweise die Subventionierung der Kohle um über die Hälfte kürzte, wurde die Luftverschmutzung dadurch verringert. Ökonomen und Biologen der Universitäten Cambridge und Sheffield legten 1999 dar, daß weltweit jährlich zwischen 950 und 1.450 Milliarden Dollar Steuergelder zur Stützung naturbelastender Wirtschaftsformen verpulvert werden. Diese »perverse subsidies« (so der englische Begriff) fließen unter anderem in Landwirtschaft, Fischerei oder unnötige Transporte, und halten deren Preise künstlich unter Weltmarktniveau. Die internationale Naturschutzorganisation WWF (World Wide Fund for Nature), die in Seattle gegen die Freihandelspolitik der WTO demonstrierte, verlangte gleichzeitig von der WTO, einmal die 18 Milliarden Mark unter die Lupe zu nehmen, mit denen die Staaten der Welt ihre nationalen Fischereiindustrien fördern. Die Subventionen für die jeweilige heimische Fangflotte erzeugen eines der schlimmsten Umweltprobleme der Welt: Den Raubbau an den Fischgründen der Ozeane. Bereits 60 Prozent der wertvollsten Fischbestände waren am Ende des 20. Jahrhunderts überfischt.

Allzuleicht vergessen grüne Globalisierungsgegner, daß die schlimmsten Umweltkatastrophen der jüngeren Geschichte nicht durch freien Handel und freie Märkte verursacht wurden. Eine Studie der Weltbank zeigt, daß besonders schmutzige Industrien in abgeschotteten Ländern besser gedeihen als in offenen Volkswirtschaften. Luftbelastung, Gewässerverschmutzung, Naturzerstörung und radioaktive Verseuchung erreichten in den Planwirtschaften der sozialistischen Länder unglaubliche Ausmaße. Der für jeden kurz nach dem Fall der Mauer offensichtliche Kontrast zwischen West- und Ostdeutschland hätte eigentlich genügen müssen, um das Gerücht von der umweltfeindlichen Marktwirtschaft ein für allemal aus der Welt zu schaffen. Von den Wasserläufen der DDR waren nur rund 3 Prozent ökologisch intakt. Nur 58 Prozent der Bevölkerung hatten Anschluß an eine Kläranlage. Mit mehr als fünf Millionen Tonnen Schwefeldioxid, die pro Jahr in die Luft geblasen wurden, war die DDR Weltspitze. Die europaweit höchste Luftverschmutzung wurde mit jährlich 2,1 Millionen Tonnen Staub erreicht. Von 13.000 Müllkippen waren 10.000 wild und nur 120 besaßen den Status einer geordneten Deponie. Seit dem Einzug des Kapitalismus hat sich die Situation drastisch gebessert. Die von den Umweltbehörden eigens für die Elbe eingeführte Wassergüte-Kategorie »ökologisch zerstört« konnte inzwischen wieder entfallen.

In den anderen Ländern, die sich im Kampf gegen Freihandel und Marktwirtschaft hinter einem Eisernen Vorhang verschanzt hatten, sah es eher noch schlimmer aus. Der Aralsee schrumpfte innerhalb von 40 Jahren um mehr als ein Drittel, weil sowjetische Planer beschlossen hatten, die beiden größten Flüsse Zentralasiens, die den See speisen, in Bewässerungskanäle für den Baumwollanbau umzuleiten. In den Ölfördergebieten der kommunistischen Länder wurden Wälder und Flüsse über Jahrzehnte verseucht. Ein großes, völlig veraltetes Zellulose- und Papierkombinat pumpte täglich mehrere Hunderttausend Kubikmeter verseuchtes Abwasser in die »Perle Sibiriens«, den Baikalsee. Hinsichtlich der radioaktiven Verstrahlung ist die Katastrophe von Tschernobyl nur die Spitze des Eisbergs. Allein die im Ural angesiedelte Bombenfabrik Mayak hat fünfmal mehr Radioaktivität in die Umwelt entlassen als Tschernobyl, die britische Aufbereitungsanlage von Sellafield und alle überirdischen Atomwaffenversuche zusammen. Man muß davon ausgehen, daß zwischen 5 und 15 Prozent der ehemaligen Sowjetunion mehr oder weniger verstrahlt sind.

Globalisierung kann der Umwelt auf ganz unterschiedliche Weise zugute kommen. So ist es zum Beispiel viel besser, Industriegüter dort herzustellen, wo sie auch gebraucht werden, anstatt sie energieintensiv hin und her zu transportieren. Umgekehrt kann es für die Umwelt besser sein, Agrarprodukte in klimatisch günstigen Gegenden anzubauen und sie in weniger sonnenverwöhnte Länder zu exportieren, anstatt dort die Produktion unter hohem Energie- und Düngeraufwand künstlich aufrechtzuerhalten.

Auch der Verdacht, problematische Industrien würden wegen hoher Umweltstandards aus Deutschland auswandern, um andernorts schmutzig weiterzuproduzieren, habe sich als »grandioser Irrtum« erwiesen, sagt Martin Jänicke, Leiter der Forschungsstelle für Umweltpolitik an der Freien Universität Berlin.

Eine Studie des Umweltbundesamtes kommt zu dem Schluß, daß kein einziges Unternehmen Deutschland allein wegen zu hoher Umweltkosten verlassen habe. Im Gegenteil: Viele multinationale Unternehmen investieren in Ländern wie Polen, Thailand oder China in modernste Umwelttechnologie. Der Grund: Die Anwendung unterschiedlicher Standards und Produktionsanlagen hier und dort wäre schon aus Kostengründen unsinnig. Wenn die Multis plötzlich Kläranlagen bauen, geraten die staatlichen Fabriken und die einheimischen Unternehmer unter Druck, auch etwas zu tun. Asiatische Anbieter sehen sich durch die Anforderungen der Exportmärkte gezwungen, etwa bei der Herstellung von elektrischen Haushaltsgeräten die strengen US-amerikanischen Energiesparvorschriften zum Standard auch für den eigenen Markt zu erheben. Wie dieser Mechanismus funktioniert, zeigt das Beispiel der Katalysator-Einführung: Als Kalifornien Vorschriften für umweltfreundliche Autos erließ, stellten sich die Entwicklungsabteilungen aller großen Autokonzerne weltweit auf die neuen Standards ein.

Kurz und gut: Globalisierung nützt der Umwelt, schafft Arbeitsplätze und führt zu fairem Handel zwischen armen und reichen Nationen. Doch die Antriebskraft hinter dieser erfreulichen Entwicklung, die Millionen von Menschen zu einem besseren Leben verhilft, ist moralisch eher zweifelhaft. Es ist die Hoffnung auf höhere Profite. Mephisto hätte seine Freude daran.

Kapitel 4

Jeder möchte Cary Grant sein.
Sogar ich möchte Cary Grant sein.

Cary Grant

Things go better with Coca-Cola

Die bunte Welt des Kulturimperialismus

Das Böse kommt auf leisen Sohlen, und es hat einen Namen: Die westliche Kommerzkultur, die in kämpferischen Kreisen auch gerne als sogenannter Kulturimperialismus gegeißelt wird. Von den USA ausgehend erobert das schleichende Gift den globalen Alltag und verwandelt einstmals stolze und unbeugsame Völker in Horden willenloser Dumpfbacken.

Man denke nur an den deutschen Abendbrottisch, an dem einst glückliche Kinder mit ihren gebildeten Eltern über Goethe und Brecht diskutierten! Selbst der Schäferhund, der Papas Filzpantoffeln bewachte, lauschte voller Verständnis. Dafür wurde er mit einer Scheibe dunkel glänzender Blutwurst belohnt, die die Kinder nicht anrührten.

Doch, oh grausiger Schauer, die Dichter- und Denkeridylle wurde durch McWorld zerstört und geschändet! Wie überall auf der Welt hockt die moderne Restfamilie in dumpfer Passivität vor dem Fernseher, wo sie Coca-Cola schlürft und dämliche Soap-Operas konsumiert. Der Schäferhund lümmelt in Form eines Golden Retrievers auf Papis stinkenden Nike-Turnschuhen herum und verfolgt knurrend, wie die Kinder gierig Big Macs bis zum letzten Bissen verdrücken – ganz im Gegensatz zur Blutwurst. Die identitätsstiftende Wirkung von Goethe, Brecht und deutscher Blutwurst ist völlig auf den Hund gekommen. Rex ist das erste Opfer, und er wird sich irgendwann erheben!

Zum Glück gibt es mutige Intellektuelle, die ihm politisch den Weg weisen. Dieter Dehm etwa, ehemaliger Sänger, Musikmanager, SPD-Politiker und Stasi-Spitzel, der seine Talente heute der PDS zur Verfügung stellt: »Unser Volk war die bereitwilligste Verfügungsmasse für die Kulturmonopolisten aus den USA. Derart intensiv ist kein Volk in Westeuropa jemals kulturell fremdbestimmt worden. Der deutsche Wald, die deutsche Heimat können sich nur noch auf die Linke verlassen, sei sie nun rot oder grün oder am besten beides.« Au fein, Rot und Grün so von Dehm angerührt ergibt ein hübsches Braun.

Da dürfen die Schwarzen natürlich nicht zurückstehen: »Traditionen werden wach und fallen auf, wenn Fahnen geschwenkt oder Volkslieder gesungen werden«, schreibt Norbert Blüm und fragt verzweifelt: »Aber wo werden noch Fahnen gehißt und ›Am Brunnen vor dem Tore‹ gesungen?« Der ehemalige CDU-Arbeitsminister empfiehlt seiner Partei sodann dringend Widerstand gegen einen »nivellierenden Universalismus, der sich als Imperialismus des westlichen Lebensmusters entpuppt«.

Wolfgang Sachs wiederum, wissenschaftlicher Mitarbeiter beim Wuppertalinstitut, Aufsichtsratsvorsitzender von Greenpeace und Herausgeber des Buches »Wie im Westen so auf Erden« hat gleich eine regelrechte Weltverschwörung entdeckt: »Entwicklungspolitik war von Anfang an ein verdeckter Plan zur Verwestlichung der Welt.« Die Konsequenzen können gar nicht dramatisch genug beschrieben werden: »Neben der augenfälligen Tendenz zur Vereinfachung und Vereinheitlichung von Architektur, Kleidung und Gegenständen des täglichen Gebrauchs, gibt es den weniger deutlichen Prozeß des Verschwindens von Eigenarten der Sprache, der Gesten und Gebräuche. Und kaum merklich, im gesellschaftlichen Unterbewußtsein, vollzieht sich die Standardisierung von Wünschen und Träumen.«

Es geht also um mehr als die deutsche Blutwurst. Weltweit droht der Kultur ein Aderlaß, und der Speisezettel verödet. Beispielsweise in China oder Vietnam, wo Rex nicht unter den Tisch verbannt wird, sondern als Hauptgericht im Mittelpunkt des Interesses steht. McDonald's hält auch hier Einzug und verdrängt die wertvollen Sitten und Gebräuche. Früher, ohne die Amis, war eben alles besser. »Indem zahllose Spielarten des Menschseins ausgelöscht werden, verwandelt sich die Welt in einen Ort ohne Überraschungen und Abenteuer«, warnt Wolfgang Sachs.

Um das ganze Unheil aufzuhalten, hat er sich mit Freunden »auf der Terrasse eines Holzhauses« zusammengesetzt und die Idee zu »Wie im Westen so auf Erden« ausgebrütet. Sie haben »zusammen gekocht« (Rex ist vorsichtshalber abgehauen), sich an ihren »persönlichen Eigenheiten abgearbeitet« und »waren beglückt«, wenn sie »auf neue Gedanken kamen«. Überhaupt lebten sie ganz arg unwestlich: »Es war eine Woche, in der intensive Diskussionen geführt, aber auch Zwiebeln geschnitten und Flaschen entkorkt wurden.«

Ach, hätten sie bloß Coca-Cola getrunken. Das mag politisch mißlich und schlecht für die Zähne sein, es fördert aber alkoholfrei die Geistesgegenwart. Und nicht nur die. Das britische Wirtschaftsblatt »Economist« hat sich den Spaß gemacht und den Coca-Cola-Konsum in den Ländern der Welt in Beziehung zu den sozialen, gesundheitlichen und demokratischen Errungenschaften gesetzt. Ergebnis dieses »Coca-Cola-Index«: Je mehr Coca-Cola die Menschen eines Landes trinken, desto freier, reicher, gesünder und gebildeter sind sie.

Das Schlußlicht bildet die ebenso üble wie bettelarme Diktatur Nordkoreas, eine völlig Cola-freie Zone. Was uns doch ein wenig nachdenklich macht. Die deutsche Dichterin Luise Rinser schrieb noch 1987 voller Bewunderung über das stalinistische Paradies des Diktators Kim Il Sung: »Ein halbes Jahrhundert Erziehung des nordkoreanischen Volkes müßte ein international wirksames Beispiel sein.« Ist es auch, liebe Frau Rinser, allerdings anders, als Sie sich das vorgestellt haben. Das Fazit des »Economist« ist uns jedenfalls sympathischer: »Have a Coke, North Korea!«

Ein Ratschlag, der aufrechten Volkserziehern natürlich die Zornesröte ins Gesicht treiben muß. Ein Coca-Cola-Automat gilt als Ortsbüro des CIA, die Nähe von Coke zur Macht ist sagenumwoben. In der Tat gelang es den diabolischen Managern aus Atlanta, 1952 mit General Eisenhower einen Duzfreund im Weißen Haus zu plazieren. Als ironische Geste gemeint begann der damalige Coke-Vorstand Woodruff seine Briefe an Eisenhower mit »Lieber Boß«. In einer Coca-Cola-Biographie heißt es: »Doch es stand zu keinem Zeitpunkt in Frage, wer eigentlich die dominierende Persönlichkeit war.«

Der offizielle Ausrüster der US-Armee gilt Antiwestlern jeglicher Couleur seitdem als treffliches Symbol für degenerierten Kapitalismus und amerikanischen Kulturimperialismus im zwanzigsten Jahrhundert. Zu Anfang des Films »Die Götter müssen verrückt sein« fällt eine Cola-Flasche vom Himmel in den Sand der Wüste Kalahari, wo sie so sicher wie Evas Apfel im Paradies das Leben unschuldiger Buschmänner umkrempelt. Gesellschaftskommentatoren, politische Aktivisten, Ernährungswissenschaftler und Anthropologen werden nicht müde, Coca-Cola als Inbegriff des Bösen auf Erden vorzuführen.

Doch das Böse, Mephisto läßt grüßen, hat hinterhältig das Gute im Gepäck. Coca-Cola blüht gewissermaßen als Indikatorpflanze: So wie Flechtenbewuchs dem Ökologen zeigt, daß in einer Region die Luftqualität gut ist, verraten Coca-Cola-Zuwächse dem Ökonomen, daß die Luft rein ist für gute Geschäfte. Und die florieren in der freien Marktwirtschaft und der Demokratie nun mal am besten (siehe oben, Cola-Index). »Bei einem Blutbad würden die Umsätze von Coca-Cola leiden«, schreibt der unabhängige Coke-Biograph Mark Pendergrast, »und darin liegt die wahre Schönheit des Kapitalismus in Reinform.«

Coca-Cola ist opportunistisch und zunächst mal bereit, mit juwelenbehängten Maharadschas, verarmten Wanderarbeitern, unterernährten Afrikanern, guatemaltekischen Todesschwadronen, chinesischen Volkspolizisten sowie Jörg Haider und Dieter Dehm zu koexistieren. Die Coca-Cola-Philosophie besitzt keine Moral, lediglich das Gebot zum erhöhten Verkauf ihres Getränkes. Da die Coke-Manager ihr blitzsauberes Image aber über alles stellen, reagieren sie auf Boykottaufrufe oder schlechte Publicity weitaus schneller als Despoten oder repressive Regime.

Schon früh trafen sich Coke-Manager in Südafrika mit Nelson Mandela und anderen schwarzen Führern. Ihre Unterstützung des Kampfes gegen die Apartheid entsprang der schlichten Sorge um künftige Marktanteile. Anders als die Mehrzahl ihrer Kritiker agiert die Coca-Cola-Company letztendlich aus aufgeklärtem Eigeninteresse. »Aus seinen selbstsüchtigen Zielen heraus versucht Coca-Cola tatsächlich Frieden und Harmonie zu fördern, wie es in den Werbespots verspricht«, schreibt Biograph Pendergrast. Es gibt schlechtere außenpolitische Maßstäbe, etwa die moralisierender deutscher Außenminister.

Der Symbolgehalt von Coca-Cola könnte auf der Welt nicht unterschiedlicher sein. Was für die einen als Grund zum Widerstand gilt, symbolisiert für die anderen genau das Gegenteil: Coca-Cola ist dort Zeichen für das Aufbegehren gegen die herrschende Ordnung. In fundamentalistischen Ländern protestiert die Jugend mit der Cola-Dose in der Hand stumm gegen die staatlichen Moralwächter und für den Einzug der Moderne. Fromme islamische Kreise verbreiten als Antwort die Behauptung, der schwungvoll geschriebene Firmenname sei in Spiegelschrift als Aufruf »Nein Mohammed, nein Mekka« zu identifizieren. Im Sommer 2000 sprach dann erstmals der Mufti von

Ägypten, Scheich Nasr Farid Wasil, die Firma von dem Verdacht frei, den Islam zu beleidigen.

Auch in den ehemaligen kommunistischen Staaten Osteuropas wurde Coca-Cola als subversives Symbol des Protests gegen das jeweilige Regime verstanden. Als Ende 1989 die Mauer fiel, standen die Trabis vor der Westberliner Coca-Cola-Abfüllanlage kilometerlang Schlange. Doch das hätten sie mal besser bleibengelassen: Bei der westdeutschen Kulturelite waren die Ossis sofort unten durch, ein klassischer »clash of civilisations«. Wie beruhigend: Anstatt die verschiedenen Kulturen einzuebnen, brachte der Softdrink die Unterschiede erst richtig auf den Punkt. Von wegen eine Welt ohne Überraschungen und Abenteuer!

Ein wenig befremdlich ist die Aufregung um Coke schon: Wer es nicht mag, braucht ja einfach keines zu trinken. Die guten alten 68er und die neuen Antiglobalisierungskämpfer sind mit ihrer Verachtung von McWorld und Cola-Imperialismus übrigens da angekommen, wo ihre Eltern (beziehungsweise Großeltern) 1950 schon einmal waren. Sparsame Deutsche erregten sich damals über GIs, die die ganze Nacht hindurch das Licht brennen ließen, im Winter die Fenster öffneten, das Radio nie abschalteten und Kaugummi kauten. Coca-Cola galt diesen Spießern – nicht zu Unrecht – als Symbol für die drohenden Veränderungen der Konsumgewohnheiten und der Lebenseinstellung der kommenden Generation.

Allerdings besaß die Auseinandersetzung in den fünfziger Jahren deutlich mehr Unterhaltungswert. In einem Pamphlet »Coca-Cola, Karl Marx und die Beschränktheit der Massen« hieß es: Nicht Religion, sondern Coca-Cola sei das Opium des Volkes. In Frankreich beschwor die gemäßigte Zeitung Le Monde »die Gefahr, die Coca-Cola für die Gesundheit und Kultur Frankreichs darstellt«, und verglich die Werbung der Firma mit der Nazipropaganda – beide »vergifteten« die Massen. In Italien behaupteten die Kommunisten, Coca-Cola bleiche das Haar und verursache die gefährliche Krankheit »Coca-Kolitis« (ernsthaft!). In Wien meldete eine Tageszeitung, die amerikanische Firma beabsichtige Kuckucksuhren zu vermarkten, die jede volle Stunde Coca-Cola zwitschern. Coca-Cola ist also durchaus imstande, das Geistesleben eines Landes und die Phantasie der Massen zu beflügeln. Besonders hübsch auch das damalige Gerücht, ein Beschäftigter einer Abfüllanlage sei in ein Sirupfaß gefallen, und sein Leichnam habe dem Getränk zusätzliches Aroma gegeben (Coca-Cola konterte: Die Geschichte sei wahr, doch es habe sich dabei um ein Pepsi-Faß gehandelt.) Kleiner Tip für Greenpeace: Der Vorwurf, Coca-Cola verwende genmanipulierten Zucker, ist einfach überfällig!

Historisch betrachtet hat alles Zeter und Mordio jedoch nichts genutzt. Das Nationalgetränk des amerikanischen Proletariates war nicht zu verhindern, und ihm folgte das Wirtschaftswunder.

Und wie sieht's aus, hat die Gleichmacherdroge wirklich »zahlreiche Spielarten des Menschseins« ausgelöscht? Ein unlängst erschienenes anthropologisches Jahrbuch zeigt auf einem Foto einen graubärtigen orthodoxen Juden, der unter einem hebräischen Coca-Cola-Schild die Zeitung liest. In der Bildunterschrift werden die üblichen Verdächtigungen vorgebracht: »Die weltweite Verbreitung solcher Produkte wie Coca-Cola und Wrangler-Jeans wird als Zeichen dafür betrachtet, daß sich gerade eine homogene Weltkultur entwickelt.«

Bitte mal genau hinschauen: Der fromme Mann trägt noch immer seine schwarze Kleidung. Er liest noch immer seine hebräische Zeitung. Und er tanzt auch nicht in Bluejeans zu US-Popmusik. Coca-Cola ist ein Bestandteil seiner Welt, es zerstört sie aber nicht. Auf einem Globus, der einerseits immer mehr zusammenrückt, gibt es andererseits immer mehr Religionen, Sekten, nationale Leidenschaften und stolze ethnische Gruppen, die ihre Eigenheiten geltend machen. Im Mutterland der bösen Brause wuchs die Zahl der nordamerikanischen Indianer zwischen 1970 und 1980 von 700.000 auf 1,4 Millionen! Wo die plötzlich herkommen? Die beiden deutschen Ethnologinnen Joana Breidenbach und Ina Zukrigl geben in ihrem erfrischenden Buch »Tanz der Kulturen« die Antwort: »Dies ist nicht etwa das Ergebnis rapiden Bevölkerungswachstums, sondern folgt aus der Tatsache, daß immer mehr Amerikaner sich zu ihrer indianischen Identität bekennen.« Manitu trinkt Coca-Cola, großes Indianer-Ehrenwort.

»Wir müssen uns auf Identitätsvorstellungen einlassen, die sich von unseren stark unterscheiden, wenn wir die Art und Weise verstehen wollen, wie fremde Objekte in anderen Kulturen eingesetzt werden«, analysieren die Ethnologinnen und nennen weitere Beispiele: »In Rußland wird Coca-Cola die Fähigkeit zugesprochen, Falten zu glätten. In Haiti wird Coke in Voodoo-Zeremonien eingesetzt. In Mexiko treffen sich die Tzotzil-Ältesten, um mit Hilfe von Coca-Cola und Poch, einem traditionellen lokalen alkoholischen Getränk, mit Gott Verbindung aufzunehmen.« Coca-Cola Flaschen finden sich auch auf den Altären der japanischen Insel Ryukyu. Hier wurden die leeren Flaschen von den Geistlichen in ihren Ritus integriert, weil die Flaschenform an den Körper einer Schwangeren erinnert. Die Götter mögen verrückt sein – aber sie werden uns erhalten bleiben. Coca-Cola wird in das Gebet eingeschlossen – aber es ersetzt es nicht.

Kommen wir nach dem Getränk der Kulturbanausen nun zur verhaßten Volksküche: McDonald's. Niemand hat den Zorn auf die bösen Buletten von McDonald's bislang treffender charakterisiert als Richard Herzinger und Hannes Stein in »Endzeitpropheten oder die Offensive der Antiwestler«. Das ist ein Buch zum Liebhaben, und es heißt darin: »Die Rechten hassen McDonald's, weil es auf zivilisierte Weise die Idee des nationalsozialistischen Eintopfsonntags überboten hat. Die Linken hassen McDonald's, weil es die alte Forderung der Arbeiterbewegung verwirklicht hat, auch der Proletarier solle an den Fleischtöpfen der Bourgeoisie teilhaben und in gut belüftete, helle Restaurants gehen können.« Dem möchten wir noch hinzufügen: Mitarbeiter des Gastronomiegewerbes und Gewerkschaften hassen McDonald's, weil es die Idee Dienstleistung exportiert hat, die sich doch tatsächlich am Kunden orientiert. Man nimmt in diesem Restaurant kein Trinkgeld und sagt danke. Sogar Menschen mit mehreren Kindern dürfen die gastliche Stätte betreten, ohne vom Personal mißbilligende Blicke zu ernten.

Es steht auch nicht zu befürchten, daß die lieben Kinderchen nach dem McDonald's-Besuch von Mangelernährung oder Fettsucht heimgesucht werden. Ein Big Mac ist weder gesünder noch ungesünder als ein Dreisternemenü im Gourmet-Tempel und er kostet ungefähr zwanzigmal weniger. Er enthält gemessen an seinen Kalorien etwas zuviel Fett und etwas zu wenig Ballaststoffe, dafür aber mehr Vitamine, Calcium und Eisen. Im Vergleich zu dem, was früher bei einfachen Leuten auf den Tisch kam, ist ein Mac-Menü jedenfalls ausgesprochen nahrhaft, gesund und hygienisch.

Gert von Paczensky, einer der wenigen deutschen Restaurantkritiker ohne kulturpessimistische Allüren, meint: »Die publikumswirksamen Angriffe ... gegen ›das Fastfood‹, besonders den zum Symbol gewordenen McDonald's-Hamburger, gehen von falschen Annahmen aus. Sie zeugen von einer geradezu grotesken Unkenntnis unserer Ernährungsgeschichte.«

Dieser Befund liegt offensichtlich bei seinem Dreisternekollegen Wolfram Siebeck vor, der in der »Zeit« zu großer Form aufläuft: »Zivilisierte Länder haben strenge Waffengesetze. Aber warum darf dann jeder mit Cheeseburgern herumfummeln, mit Schokoriegeln und anderem Junkfood?« Sehr geehrter kulinarischer Oberlehrer: Menschen fummeln mit Cheeseburgern herum, weil es ihnen Spaß macht und sie niemanden damit totschießen. Genau wie Sie offensichtlich Spaß daran haben, Ihre

Leser mit einem delikaten Portiönchen gehobener Arroganz an zarter Demenz zu unterhalten. Also weiterhin bon appétit!

Wasser auf die Mühlen von Siebeck & Co lieferte der französische Kleinbauer José Bové, der Anfang 2000 zum Superstar der internationalen Kaviar-Linken aufstieg. Gemeinsam mit einigen Spießgesellen von der »Bauern-Konföderation« fackelte er kurzerhand ein französisches McDonald's-Restaurant ab. Als Verteidiger der »bäuerlichen Interessen« möchte er seinen Landsleuten vorschreiben, was diese zu essen haben, und zieht gegen »la malbouffe« (den miesen Fraß) oder »McMerde« (McScheiße) zu Felde. Bové, mittlerweile eine Ikone der Globalisierungsgegner, »erfreut sich in Frankreich des Zuspruchs von Menschen aus allen Schichten und Parteien«, berichtet die »taz«. McDonald's allerdings auch, sonst würde der Konzern ja nicht mit großem Erfolg in Frankreich ein Restaurant nach dem anderen eröffnen. Wie wär's also, wenn jeder nach seiner Fasson glücklich werden dürfte?

»McDonald's symbolisiert das amerikanische Experiment, Gleichheit für alle mit Profitstreben und unternehmerischer Initiative zu verbinden – ein Experiment, daß trotz aller kulturpessimistischen Unkenrufe funktioniert«, schreiben Herzinger und Stein. Doch auch deutsche Geistesgrößen wie Günter Grass entblöden sich nicht, unermüdlich den Kulturverfall zu geißeln, der sich in der Existenz von McDonald's manifestiere. Kulturelle Mehrwegflaschen aller Art arbeiten sich an einer vorgeblichen Plastikwelt ab und trommeln Blech. Man muß das Dekor-Gedöns von McDonald's ja nicht schön finden, aber es wird doch früher oder später korrekt recycelt.

Völlig schleierhaft wird die Kritik, wenn die Vorteile des McDonald's-Systems kurzerhand in Nachteile umgedeutet werden. Strikte hygienische Kontrollen, Sauberkeit, gleichmäßige Qualität, freundlicher Service und genormte Preise gelten plötzlich als »mangelnder Individualismus«. Robert Kurz, der Autor des

»Schwarzbuch des Kapitalismus«, nennt die Zufriedenheit gutgenährter Arbeitnehmer mit konsequenter Menschenverachtung sogar die »Verhausschweinung der Arbeiterbewegung«.

Dahinter steckt auf Seiten der Nadelstreifen-Stalinisten der Neid gescheiterter Volkserzieher und auf Seiten der Kulturelite eine tiefe Abneigung gegen alles Egalitäre und die Massenkultur an sich. Die Verfeinerten, Kultivierten, Gebildeten grenzen sich gegen den aktuellen Barbaren in Gestalt des armseligen McDonald's-Besuchers ab. Diese Vielfernseher, Bildzeitungsleser und Massentouristen lesen womöglich auch Bücher von Michael Crichton, John Grisham oder Steven King. Werke mithin, die des Feuilletons nicht für würdig befunden werden: Wo bleibt denn da die Anstrengung, der Tiefsinn, die schonungslose Offenlegung, die künstlerische Durchdringung des Alltagslebens? Stattdessen nur oberflächliche Konsumhaltung, Passivität und Unreflektiertheit! Diese Amis schreiben doch tatsächlich, was die Leute lesen wollen! BigMac-Literatur! Flutscht und ist ohne Kauen genießbar! Ekelhaft! Banal gesagt: Grass & Co sind auf die Konkurrenz sauer. Der ewige Kampf des Butts gegen die Bulette.

Nachdem Günter Grass der Nobelpreis zugesprochen wurde, fordern wir als Häppchenjournalisten hiermit ausgleichende Gerechtigkeit: Der alternative Nobelpreis gehört endlich an den Big Mac verliehen! Seine Verdienste um den Wohlstand und die Ernährung der Massen, die Integration von Ausländern und Minderheiten und den Weltfrieden können gar nicht hoch genug bewertet werden – ganz im Geiste von Petra Kelly, Vandana Shiva, José Lutzenberger und Robert Jungk, die zuvor den alternativen Nobelpreis erhielten. Allein in Deutschland hat der Big Mac über 1000 Restaurants eröffnet, in denen mehr ausländische Mitarbeiter beschäftigt werden als in jedem anderen Gastronomieunternehmen. Auch schlecht ausgebildete Menschen haben die Chance auf einen sicheren Arbeitsplatz. Angehörige ethnischer Minderheiten kommen mittlerweile auch als Lizenznehmer öfter zum Zug als bei jedem anderen Konzern. Mehr als die Hälfte aller Kettenrestaurants, die in den USA von Schwarzen betrieben werden, gehören zu McDonald's. Beinahe zwei Drittel der Lizenzen, die McDonald's in den letzten 20 Jahren im Raum Los Angeles vergab, gingen an schwarze Pächter. Bei den schweren Rassenunruhen in Los Angeles in den achtziger Jahren blieben McDonald's Filialen auf wundersame Weise verschont.

Auch das soziale Engagement kann sich sehen lassen: In 12 Ländern gibt es mittlerweile 162 sogenannte Ronald McDonald-Häuser, die rund 2 Millionen Familien schwer erkrankter Kinder einen Aufenthalt in der Nähe des Krankenhauses ermöglichten. Nicht überall war diese Hilfe willkommen: Die Stadtväter von Melbourne beispielsweise lehnten die Einrichtung eines solchen Hauses ursprünglich als »reines Kommerzdenken« ab. Das mit dem »reinen Kommerzdenken« stimmt sogar. Aber warum in aller Welt darf man damit nichts Gutes tun? Mephisto, du hast es schwer.

Kommen wir nun zur friedensstiftenden Kraft des Hamburgers. Thomas Friedmann hat sie 1996 in der New York-Times als »Pax Big Mac« definiert: »Keine zwei Nationen, die beide ein McDonald's besitzen, haben je gegeneinander Krieg geführt.« Seine Begründung: Um Institutionen wie McDonald's florieren zu lassen, müsse ein Land eine zahlungsstarke Mittelschicht ausgebildet haben, und solche Leute liebten nationalistische Kriege nun mal nicht.

In China und Indien ist ja zum Glück schon eine Vorhut eingetroffen. Und in der Tat wird sie von der zahlungskräftigen Mittelschicht aufs heftigste begrüßt. In Neu-Delhi beispielsweise, im Stadtteil Vasant Kunj, frequentieren meist Schüler gehobener Bildungseinrichtungen das rappelvolle Schnellrestaurant (aus den jungen Leuten werden sogenannte »Computer-Inder«, die dann als Entwicklungshelfer nach Deutschland gehen). Wer hier verkehrt, gehört statusmäßig zur feineren Gesellschaft. Und die legt Wert auf indische Manieren: McDonald's verzichtet auf Rindfleisch und bietet statt dessen Hühnchenfleisch oder vegetarische Hamburger an, selbstverständlich schärfer gewürzt als hierzulande. Die Straßenverkäufer von Delhi sind dadurch übrigens nicht betroffen, schließlich ist ein Mac-Gericht viermal so teuer wie ein lokaler Imbiß. Die indische Gastronomiebranche hat außerdem eine erfolgreiche Gegenoffensive in Großbritannien, USA und Deutschland gestartet. Ist eben alles im Lot: Absolventen gehobener Bildungseinrichtungen hierzulande dokumentieren ihre Weltläufigkeit durch einen Besuch beim Inder.

Sprechen wir deshalb von Indisierung? Oder von Pizza-Imperialismus? Und wie bewerten wir den Umstand, daß es in Berlin mehr osmanische Dönerbuden gibt als in Istanbul? Was sagen wir zu der Tatsache, daß McDonald's in Deutschland etwa vier Milliarden Mark umsetzt, die Döner-Konkurrenz aber noch deutlich mehr? Die Türken haben echt Glück, keine Amerikaner zu sein. Sonst wäre Günter Grass sicher furchtbar ausländerfeindlich.

Doch die Sache geht ja weiter: Warum regen wir uns über amerikanische Restaurant-Ketten auf, nicht aber über schwedische Möbelhaus-Ketten? Verwestlichung und US-Kulturimperialismus sind zu einem erheblichen Teil Produkt selektiver Wahrnehmung. Kulturelle Eliten und solche, die sich dafür halten, büßen zunehmend ihr einst schwindelerregendes Prestige ein und beklagen Fremdeinflüsse immer dann, wenn es ihnen in den Kram paßt. Sprich: Wenn sie zur Untermauerung der eigenen Kulturkritik und zur Sicherung der eigenen Bedeutung herangezogen werden können. Die vielen positiven Seiten von Veränderung, Annäherung und Massenkultur fallen unter den Tisch.

Das gilt auch für die Debatte um die sprachliche Lufthoheit. Droht nicht auch die Vielfalt der Sprachen vom allgegenwärtigen Englisch abgelöst zu werden? Sicherlich nicht: Am Flughafen-

Informationsschalter von Los Angeles erhält man Auskunft in 115 Sprachen. Es werden nach Schätzung der UNESCO auf der Welt heute zwischen 5.000 und 6.000 Sprachen gesprochen – viele davon zusätzlich in unterschiedlichen Dialekten. Sprachforscher gehen allerdings davon aus, daß die Hälfte aller Sprachen weniger als 10.000 Sprecher haben, ein Drittel weniger als 1.000 Sprecher und 10 Prozent sogar weniger als 100 Sprecher. Die Hälfte aller derzeit existierenden Sprachen wird deshalb möglicherweise in naher Zukunft verschwinden. Sie werden allerdings nicht vom Englischen verdrängt, sondern von den jeweiligen Nationalsprachen. Darüber wird sich niemand freuen, aber das ist im Grunde ein ganz normaler Vorgang in einer sich verändernden Welt.

Nicht nur Englisch, sondern auch Spanisch, Chinesisch und Hindi werden die Zukunft dominieren. Die großen Weltsprachen haben auch den bei weitem größten und differenziertesten Wortschatz. Sprachen mit wenigen Sprechern sind in ihren Ausdrucksmöglichkeiten dagegen oft sehr begrenzt. Der staunenswerte Begriffsreichtum, der ihnen pauschal angedichtet wird, hat mit der Realität nicht viel zu tun. So entspringt die vielzitierte Behauptung, Eskimos hätten 100 Wörter für Schnee, einem linguistischen Mißverständnis. Analog hätten die Deutschen auch eine ungeheure Vielfalt an Worten für Wasser: Fluß, Bach, See, Tümpel, Meer, Ozean, Regen, Tränen (Perrier, Fachinger, Überkinger, Selters ...). Dazu kämen noch die jeweiligen grammatischen Abwandlungen des Stammwortes. Der Mythos vom sprachlichen Winterwunderland basiert auf einer korrekten, aber von anderen Wissenschaftlern falsch verstandenen sprachwissenschaftlichen Arbeit von 1912. Mehrfache Richtigstellungen konnten ihm nichts anhaben. Er paßt ja auch so schön zu weiteren angeblichen Extravaganzen des lustigen Eskimo-Lebens: Nasenreiben; rohen Seehundspeck essen; Omis aussetzen, damit sie der Eisbär holt.

Das teilweise Verschwinden von bedrohten Sprachen ist – wie gesagt – nicht besonders schön, aber eben doch nachvollziehbar. So zogen kultivierte Europäer noch bis weit ins 18. Jahrhundert das Lateinische oder Griechische der eigenen »barbarischen« Sprache vor. »Nicht etwa weil greco-lateinische Kulturimperialisten sie dazu verdonnert hätten, sondern weil Griechisch und Latein die verfeinerten, flexiblen Sprachen der Hochkultur waren«, schreibt der Autor Bernd Hermann in der Zeitschrift »Novo«. Zwei Drittel der 15.000 bis 20.000 Sprachen, die einst auf unserem Planeten gesprochen wurden, sind bereits in zurückliegenden Jahrhunderten und Jahrtausenden ausgestorben. Nur wenige, wie Latein und Altgriechisch, konnten künstlich am Leben erhalten werden (was die Autoren dieses Buches als schwergeprüfte Exoberschüler ausdrücklich bedauern). Ist es wirklich ein unschätzbarer Verlust, daß zum Beispiel das Krimgotische im 18. Jahrhundert von der Krim und damit aus der Welt verschwand?

Für das Internet (und nicht nur da) braucht die Menschheit eine gemeinsame sprachliche Geschäftsgrundlage. Und was eignete sich dafür besser als Englisch? Englisch ist ein Werkzeug der Veränderung auf diesem Planeten und somit ein aggressives Lösemittel gegen verkrustete Strukturen. Deshalb wird es von kulturellen Besitzstandwahrern so aufrichtig gehaßt. Dabei bilden sich in den Schmelztiegeln der Megastädte längst wieder neue und einzigartige Dialekte und Sprachformen heraus. Die deutsche Sprache verschwindet nicht, sondern erhält vom Englischen überraschende neue Impulse und Wendungen genau wie durch türkische, italienische und spanische Einflüsse. In der Musikszene beim Hip-Hop deutet sich das schon in den Texten an: »Yoyo Berlin, was geht?« »What's up, companeros? Que passa eh?« Und die Berliner Stadtreinigung wirbt: »We kehr for you«. Hip-Hop und »Denglisch« signalisieren keinen Niedergang, sondern sich zusammenbrauende neue Kulturen. Außerdem ist der Austausch von Begriffen keine Einbahnstraße. Bei College-Studenten in Kalifornien heißt es seit neustem sogar »danka« und »bitta«. Auch ist es den Deutschen gelungen, Schlüsselworte ihrer Befindlichkeit international durchzusetzen: Angst und Fahrvergnügen, Waldsterben und Weltschmerz, Kindergarten und Blitzkrieg.

Sprachlich besonders heikel gerieren sich unsere französischen Nachbarn. Gegen den Gebrauch englischer Wörter (»Franglais«) haben sie sogar Gesetze erlassen. Der Begriff E-Mail soll per Ordre de Mufti durch »message electronique« oder »lettre electronique« ersetzt werden. Daniel Oster, der als Sprachprofessor über den französischen Duden wacht, verachtet »Franglais« als eine »völlig künstliche Sprache, die von Discjockeys, Journalisten und Medien gemacht wird«. Eine sich im Alltag wandelnde Sprache ist also »künstlich«, während das von verantwortungsbewußten Sprachexperten am grünen Tisch ausgeklügelte Wörterbuch das Prädikat »natürlich« verdient. Anstatt dem Volk aufs Maul zu schauen, verbietet man ihm den Mund. Ein Zentralkomitee will allen Ernstes die Zukunft einer Sprache und Kultur bestimmen und gefriert Frankreich zu einem Museum. Die Musik spielt längst woanders.

»Es stimmt einfach nicht, daß die westliche Populärkultur zu einer homogenisierten Weltkultur führt«, sagt der amerikanische Soziologe Orlando Patterson, »ich glaube, daß genau das Gegenteil der Fall ist.« Sein Paradebeispiel ist die Geschichte des Reggae. In den fünfziger Jahren fühlte sich die jamaikanische Unterklasse zusehends von ihrer traditionellen Mento-Musik angeödet. Sie begann Rythm-and-Blues-Platten zu hören und war von »Bluegrass-Cowboy-Musik« fasziniert. Beim Versuch, diese Vorbilder nachzuspielen und zu imitieren, kamen immer mehr jamaikanische Rhythmen und Inhalte ins Spiel und wurden zusätzlich mit religiösen Klängen afro-jamaikanischer Herkunft verschnitten. Das brachte eine ganze Abfolge neuer Stilrichtungen und schließlich den Reggae hervor. Der wiederum wurde nach Großbritannien und in die USA zurückgespült, wo er in den schwarzen Gettos schließlich zum Rap mutierte, aus dem dann der Hip-Hop hervorging. In Deutschland fiel der Hip-Hop auf fruchtbaren Boden, weil sich die harte Diktion des Sprechgesangs besonders gut in unsere Sprache übertragen läßt. »Wir besetzen Botschaften in totgesagten Wortschätzen / Esperanto hält Einzug in bundesdeutschen Vorstädten«, singt die Band »Freundeskreis«. Der gute alte Schüttelreim und die volkstümliche Lyrik erleben eine erstaunliche Renaissance und dies mit teilweise sehr poetischen Texten.

Als einer der einflußreichsten Vertreter der These vom miesen Kulturimperialismus hat sich der zeitweilige französische Kultus- und spätere Erziehungsminister Jacques Lang profiliert, der 1983 am liebsten sogar die Fernsehserie »Dallas« verboten hätte. Zu groß schien die Gefahr, daß die darin vorgeführten intriganten texanischen Sitten auf unschuldige Europäer und sonstige Indianer abfärben könnten. Der Dekadenz von Mercedes-Cabriolets und Cowboystiefeln aus Krokoleder mußte Einhalt geboten werden! Und dann diese löwenmähnigen und allseits gelifteten Ami-Frauen, die für eine kleine Ölquelle zu allem bereit sind! Die Saga der Ewing-Dynastie fegte prompt die Straßen in 90 Ländern leer. Ein nomadischer Stamm im mittleren Osten verlegte sogar seine jährliche Migration, um ja die »Dallas«-Endfolge nicht zu verpassen. Ohne Rücksicht auf Verluste scheffelten die amerikanischen TV-Sender und Produzenten Hunderte von Millionen Dollar.

Zu ihrem eigenen grenzenlosen Erstaunen taten sie damit ein gutes Werk. Das Wirken von Bobby und Pam, J. R., Sue Ellen und Miss Ellie wurde von zahlreichen Kommunikations- und Sozialwissenschaftlern in der Welt untersucht. Dabei kamen überraschende Befunde heraus. Beispielsweise in Algerien: »›Dallas‹ verkörperte für die Zuschauer dort die traditionellen Werte einer Welt, in der die Großfamilie der Hauptbezugspunkt des einzelnen war, drei Generationen unter der Herrschaft des Pater familias zusammenlebten und die staatliche Bürokratie als Feind der Familiensolidarität empfunden wurde«, schreiben die bereits zitierten Ethnologinnen Joana Breidenbach und Ina Zukrigl. Je nach kulturellem Hintergrund der Zuschauer wurde »Dallas« völlig unterschiedlich interpretiert, eine Reaktion aber war fast allen Zuschauern auf der Welt gemeinsam: »Sie saßen nicht isoliert und vom visuellen Valium ermattet vor ihren Fernsehsesseln, sondern diskutierten miteinander Themen wie Familienstrukturen, die Rolle der Frau und die Bedeutung von Freundschaft.« Am verrücktesten war die Reaktion auf »Dallas« übrigens in den USA selbst: Dort ging die Wirtschaft auf die Barrikaden, weil sie das in Dallas vorgeführte fiese Unternehmerbild als verschwörerische Manipulation der öffentlichen Meinung empfand. Man vermutete eine gesteuerte Unterwanderung in Form der ersten »vollmarxistischen« Soap-Opera. Wir lernen: Auch die Kapitalismuskritik gelingt im Kapitalismus offensichtlich am besten. Die kommerzielle Seifenoper erzielte genau das, worum sich gutmeinende Kulturschaffende meist vergeblich bemühen: Anregung von Reflexion, Identitäts- und Bewußtseinsbildung.

Die böse Glotze und billige Seifenopern entfalten besonders bei Frauen in den Entwicklungsländern eine segensreiche Wirkung. Ihnen, denen der Zutritt zu Kaffeehäusern und Treffpunkten vielerorts verwehrt wird, gewährt das Fernsehen gleichberechtigten Zugang zu Geschichten und Informationen. Dieser kulturelle Wandel bringt es beispielsweise in Bangladesch mit sich, daß Tausende von Müttern ihre Töchter, auch gegen den Willen ihrer Ehemänner, in die Schule schicken. Und jetzt, liebe Kritiker der bösen Glotze, müßt ihr ganz tapfer sein: Das Fernsehen und das darin propagierte westliche Frauenbild trägt weltweit wirkungsvoller zur Senkung der Geburtenraten bei als Antibabypillen und Familienplanungsprogramme. Auf dem letzten

UN-Gipfel für Bevölkerung und Entwicklung hoben 179 Teilnehmerstaaten die große Bedeutung der Unterhaltungsindustrie unter ausdrücklicher Nennung der Seifenopern hervor. »Der große Einfluß des Fernsehens auf eine Senkung der Geburtenraten läßt sich definitiv nachweisen«, sagt Karl Haub, Chef-Wissenschaftler am Population Reference Bureau in Washington und Berater der Deutschen Stiftung Weltbevölkerung.

Auf einer mexikanischen Idee beruhend produziert die New Yorker Organisation »Population Communications International« mittlerweile sogar kostenlose Soaps für Entwicklungsländer, in denen Themen wie Gesundheitsvorsorge und Verhütung berücksichtigt werden. Als moderne Form des Geschichtenerzählens werden diese Soaps in zahlreichen Ländern Afrikas und Asiens im Fernsehen ausgestrahlt oder im Rundfunk gesendet. Auf einem »Soap-Gipfel« 1999 in New York wurden die großen amerikanischen Serienproduzenten wie CBS, NBC, ABC und große brasilianische Serienproduzenten wie TV-Globo von Bevölkerungsexperten über diese Zusammenhänge informiert.

So eroberte die Radio-Soap »Twende na Wakati« (»Wir gehen mit der Zeit«) in den neunziger Jahren Tansania. Zweimal in der Woche schalteten vier Millionen Hörer und Hörerinnen ein und verfolgten das verwerfliche Tun des verheirateten Fernfahrers Mkwaju, der keine Prostituierte am Wegesrand ausläßt, säuft und prügelt. Verheiratete Frauen, die die Serie regelmäßig hörten, wenden mittlerweile doppelt so häufig Verhütungsmittel an, wie diejenigen Frauen, die die Seifenoper nicht kennen. Tausende tansanische Frauen verhüten mittlerweile konkret wegen »Twende na Wakati«, und noch mehr ziehen es in Erwägung. Ähnliche Serien erobern ganz Ost- und Zentralafrika und fördern die wegen der grassierenden Aids-Krankheit überlebensnotwendige Kondombenutzung.

»Dallas« und die Soapkultur gehen mit der Zeit. Von gestern sind eindeutig Leute wie Jacques Lang. Die USA haben keinen

Kultusminister, und das ist wahrscheinlich ihr großes Glück. Hollywood will die Menschen unterhalten, genau wie dies übrigens schon Shakespeare tat. Kaum einer legt hier Wert darauf, Angehöriger einer ästhetischen Avantgarde zu sein. Ganz im Gegensatz zu Frankreich, wo der Staat Kinos und Fernsehsendern eine Quote für französische Filme vorschreibt. Die sind freilich meist keine Avantgarde, sondern schlicht zum Davonlaufen. Selbst die linke französische Tageszeitung »Liberation« fragte unlängst: »Vielleicht will niemand die Wahrheit gerne hören, aber ist der durchschnittliche amerikanische Film nicht einfach besser als der durchschnittliche französische Film?« Die französischen Filmprotektionisten antworteten auf sinkende Zuschauerzahlen mit der schlichten Forderung nach Pressezensur: Nach der Premiere eines inländischen Filmes sollte es bis zum darauffolgenden Wochenende untersagt werden, negative Kritik zu veröffentlichen.

Während die Europäer über den verwerflichen Einfluß der kalifornischen Studios lamentieren, haben aufstrebende Länder wie Brasilien und Indien das einzig richtige getan: Eine eigene große TV- und Filmindustrie aufgebaut. TV-Globo in Brasilien ist mittlerweile die viertgrößte Fernsehanstalt der Welt. Das verdankt sie nicht zuletzt der Produktion von über 2.200 Seifenopern (»Telenovelas«). Der Export dieser Produktionen steigt jedes Jahr um zehn Prozent und macht den »Brasilian Way of Live« in der ganzen Welt bekannt. Hollywood ist mächtig, aber längst nicht mehr allein. »Bollywood« (eine Verballhornung aus Bombay und Hollywood) dreht mit 900 Filmen pro Jahr mehr Streifen als die Amerikaner, zählt zwei Milliarden Zuschauer jährlich und ernährt 2,5 Millionen Beschäftigte und ihre Angehörigen.

Die »Zeit« bespricht den erfolgreichen indischen Schmachtfetzen »Taal« mit folgenden Worten: »Spätestens, wenn sie heimlich seine offene Cola-Flasche an ihren samtigen Mund führt, ist die Szene so verführerisch und erotisch, daß die Zuschauer im Saal vor Spannung zu kreischen beginnen.« In den indischen Kinos wird viel gekreischt, gelacht und sogar mitgesungen. Die indischen Rührstücke sind stets gleich gestrickt und treffen den Nerv des Publikums. Die Menschen haben schlicht Spaß und können ihren Alltag für ein paar Stunden vergessen. Hollywood-Streifen haben in Indien keine Chance. »Amerikanische Filme machen Sinn, indische nicht«, bekennen indische Kinostars und amüsieren sich darüber königlich. Soviel Selbstironie möchte man mal von einem Europäer hören. Selbst Kino und Fernsehen führen nicht zu einer Angleichung der Kulturen, sondern werden von Menschen auf die unterschiedlichste Weise in ihr eigenes Weltbild integriert.

Am schnellsten gemerkt haben das mal wieder die vermeintlich schlimmsten Kulturimperialisten: 70 Prozent der 500 größten US-Unternehmen können inzwischen sogenannte »Diversity initiatives« vorweisen, also Strategien für den Umgang mit Menschen, die sich in Hautfarbe, Geschlecht, Herkunft, Alter oder sexueller Orientierung unterscheiden. Der Unternehmensberater Ian Walsh erklärt dazu: »Vielfalt steigert nämlich die Produktivität und den Gewinn. Und zwar nicht nur, weil sich dadurch dringend gesuchte Spezialisten aus dem Ausland gewinnen lassen. Genauso wichtig ist, daß nur eine bunte Belegschaft auf die breite Palette der Kundenwünsche eingehen kann.«

Die Welt wird ein Ort höchst unterschiedlicher Kulturen bleiben, doch es werden andere sein. Die Welt wird nicht eintöniger, sondern komplexer. Eine kulturelle Elite, die gerne das verlorene Paradies des edlen Wilden beklagt und dies McWorld und Hollywood anlastet, pinkelt jedenfalls an den falschen Baum. Sie sollte zur Abwechslung mal ins Auge fassen, daß viele Veränderungen dem ganz normalen Streben des Menschen entspringen, seine Situation zu verbessern: Ist man nicht selbst längst vom Land in die Stadt geflohen? Geflohen vor ländlichen Schützenvereinen und Feuerwehrfesten, Tratsch und Klatsch, Kehrwochen und Spießertum? Geflohen vor fehlenden Arbeitsplätzen und fehlender Abwechslung? Stadtluft macht frei.

Warum sollen ausgerechnet Jäger- und Sammlergemeinschaften, Südseebewohner oder Eskimos, Inder oder Indios bleiben, was, wo und wie sie sind? Warum gönnen wir ihnen nicht ein Moped oder ein Radio »made in anderswo«, Dinge, die für ihr Leben einen bescheidenen, kleinen Fortschritt bedeuten? Darf man vielleicht daran erinnern, daß die allgemeine Lebenserwartung in Jäger- und Sammler-Gemeinschaften teilweise bei nur 22 Jahren lag und in manchen Stammeskulturen einer von drei Säuglingen aus Nahrungsmangel ausgesetzt wurde? Darf man daran erinnern, daß in vielen traditionellen Kulturen die Rechte der Frauen mit Füßen getreten werden? Daß die Menschenrechte in viel zu wenigen Staaten der Erde durchgesetzt sind?

Die streitbare Afrikanerin Axelle Kabou hat eine »Streitschrift gegen schwarze Eliten und weiße Helfer« verfaßt, in der sie für ihren Kontinent fragt: »Muß man Afrika, wirklich als ein bedrohtes, unter Denkmalschutz stehendes Bauwerk ansehen?« Und sie gibt auch gleich die Antwort: »Ich behaupte, daß der Begriff der kulturellen Entfremdung, angewandt auf das heutige Afrika, ein Mythos ist, der verhindern soll, daß neue Ideen in den Köpfen der Afrikaner eine Chance haben«. Dominic Johnson, Afrikakenner und Auslandsredakteur bei der »taz« ergänzt: »Afrikas Jugend – die die Hälfte der Bevölkerung stellt – ist immer öfter in der Lage, über die Grenzen des eigenen Landes hinauszublicken und am ›global village‹ teilzuhaben. Wer zu Geld und Erfolg kommen will, sucht immer seltener die nationale Erfüllung, also die große und korrupte Karriere im Dienste der verehrten Führer des eigenen Landes.« Und er fügt hinzu: »Man orientiert sich an denselben grenzenlosen Helden und Mythen, die auch die Jugend Europas, Amerikas und Asiens faszinieren.«

Im Frachtraum des westlichen Kommerzes reisen universelle

Ideen wie die Gleichberechtigung der Frau, die Menschenrechte und das Umweltbewußtsein als blinde Passagiere in alle Welt. In der eingangs zitierten Kampfschrift »Wie im Westen so auf Erden« wird geklagt: »Und kaum merklich, im gesellschaftlichen Unterbewußtsein, vollzieht sich die Standardisierung von Wünschen und Träumen.« Dem möchten wir hinzufügen: Hoffentlich! Es lebe das Bewußtsein, einer Welt anzugehören, und die Möglichkeit, eigene Standpunkte vor dem Hintergrund vieler anderer zu überprüfen. Die vereinten kommerziellen Anstrengungen von Coca-Cola und McDonald's, »Dallas« und Hollywood haben dazu beigetragen. Sie haben die Welt für viele Menschen zu einem lebenswerteren Ort gemacht. Und dies ganz ohne gute Absicht. Have a Coke!

Kapitel 5

Moral ist, überspitzt gesagt,
das Mittel desjenigen, der sonst
keine guten Argumente hat.

Cora Stephan

Gnadenlos sozial

Die Gegner des Wohlfahrtsstaates haben die wirksameren Hilfsrezepte

Wer den Sozialstaat in Zweifel zieht, macht sich moralisch verdächtig. Hat er kein Herz für Arme? Umweht ihn der kalte Hauch des Sozialdarwinismus? Gehört er zu jenen anarchokapitalistischen Staatsfeinden, die alle öffentlichen Wohltaten abschaffen wollen, bis am Ende nur eine ungezähmte Ellenbogengesellschaft übrigbleibt? Damit es nicht so weit kommt, passen die Sozialexperten der Parteien, Gewerkschaften, Kirchen und Wohlfahrtsverbände auf uns auf. Kaum wagt eine neoliberale Hyäne ihr freches Haupt zu erheben, wird sie von den Wächtern des Wohlfahrtsstaates umgehend als Volksfeind entlarvt.

Die Summe staatlicher Wohltaten ist in Deutschland seit 1960 um 1.900 Prozent gestiegen. Über 1,2 Billionen Mark im Jahr wurden Ende der neunziger Jahre für Soziales ausgegeben: ein Drittel des gesamten Bruttoinlandsproduktes – also jede dritte Mark, die erwirtschaftet wird. Wenn es um so viel Geld geht, drängt sich natürlich die Mephisto-Frage auf: Bewirkt dieses Geld – welches aus edlen Motiven umverteilt wird – wirklich Gutes? Oder wäre weniger womöglich mehr, wenn es zielgenauer bei den Armen eintrifft und nicht auf dem Weg dorthin versickert, wie viele Kritiker behaupten? Droht in Deutschland wirklich die soziale Eiszeit, oder ersticken wir vielmehr im warmen Mief der Besitzstandswahrer?

Schaut man sich einmal an, wohin das Geld fließt, kommen Zweifel auf, ob die übliche gute Gesinnung wirklich zu sozialen Verbesserungen führt. »Auf jedem Armen sitzen heute zehn andere, die in seinem Namen Besitzstände wahren«, schreibt der Journalist und Buchautor Bernd Ulrich. Die 1,2 Billionen Mark sind in den festen Händen einer Jammerlobby, die – oft erfolgreich – versucht, jede vernünftige Diskussion über Sinn und Zweck der großen Umverteilung zu unterdrücken.

Aus gutem Grund, denn das meiste Geld landet keinesfalls bei Behinderten, verarmten Alten, chancenlosen Arbeitssuchenden und überlasteten alleinerziehenden Müttern. Die Subventionen und Sozialtransfers, mit denen der Staat das Volk bei guter Laune hält, kommen der breiten Mittelschicht zugute, also jenem Stand, der in den Parlamenten am besten vertreten ist. Nur ein Drittel des Geldes für soziale Ausgaben landet – so wird geschätzt – bei Bedürftigen. Der Rest geht in die Verwaltung und die Bezahlung von Sozialarbeitern und Sozialpädagogen. Diese Fürsorgeberufe gehören zu den großen Expansionsgewinnern der achtziger und neunziger Jahre. 38 deutsche Behörden sind ganz oder teilweise mit dem Verteilen milder Gaben befaßt. Auf über eine Million Angestellte bringen es inzwischen allein die fünf großen quasi-institutionalisierten Wohlfahrtsverbände, die damit zu den größten Arbeitgebern im Lande gehören.

Aber nicht nur die Gehälter der Helfer lasten auf den öffentlichen Kassen. Die Freizeitvergnügen des Volkes gelten ebenfalls als staatlich förderungswürdig. Staatsknete fließt unter anderem an Karnevalsvereine, Sportvereine, Hundezüchtervereine. Stinkreiche Fußballclubs kassieren öffentliche Gelder für den Bau prunkvoller Stadien. Subventioniert werden auch Opernhäuser oder Sprachreisen in die Toskana, nicht gerade die typischen Aufenthaltsorte der Unterprivilegierten. Die Empfänger solcher Wohltaten sind Besserverdienende, die wissen, wie man die gesetzlichen Möglichkeiten geschickt nutzt: Der Rechtsanwalt, dessen dauerhafte Lebensgefährtin als angeblich alleinerziehende Mutter Unterstützung erhält. Der leitende Angestellte, der mit seiner Familie in einer billigen Sozialwohnung verharrt, auf die er zu Beginn seiner Karriere einmal Anspruch hatte. Die Millionärstocher, die bei Papa zur Miete wohnt und dafür Wohngeld kassiert.

Besonders pikant wird diese Art sozialer Gerechtigkeit, wenn man bedenkt, daß die Steuermittel für die Rundumversorgung der ohnehin Bessergestellten ja nicht allein von den Reichen aufgebracht werden, sondern auch von Kassiererinnen, Kellnerinnen und ungelernten Arbeitern. So unterstützen Menschen mit geringem Einkommen den Lebensstandard von Leuten, die über viel mehr Geld verfügen als sie selbst. Um circa 1.500 Mark im Jahr wird eine dreiköpfige Durchschnittsfamilie via Steuer enteignet, um die Landwirtschaft zu subventionieren (das Geld fließt natürlich nicht nur an arme Bäuerlein auf der Schwäbischen Alb, sondern auch an die Besitzer von Schweinemastfabriken, oder geht in die Gehälter gutgestellter EU-Bürokraten). Teilt man die Summe der jährlichen Bergbausubventionen durch die Zahl der verbliebenen Bergarbeiter, könnte man jedem Kumpel zu Silvester 136.000 Mark in die Hand drücken. Doch die Manager genehmigen sich natürlich auch einen fetten Happen davon. Familien, deren Kinder nach dem Hauptschulabschluß eine Lehre antreten, werden gezwungen, die kostenlose Hochschulausbildung mitzufinanzieren. Doch die Mehrheit der angehenden Akademiker stammt aus Elternhäusern mit einem monatlichen Nettoeinkommen von über 6.000 Mark. Nur etwa ein Fünftel kommt aus Familien, die mit weniger als 3.500 Mark auskommen müssen. Schon Marx polemisierte dagegen, daß die

»höheren Klassen aus dem allgemeinen Steuersäckel« unterstützt werden.

Wenn dieses Steuersäckel nicht ausreicht, um alle Wohltaten zu finanzieren, nehmen Regierungen Kredite auf; sie bedienen sich somit bei den Kindern, die später mal die Staatsschulden zurückzahlen müssen. Diese Selbstbedienung auf Kosten der Schwächsten erfreute sich in Deutschland der achtziger und neunziger Jahre besonderer Beliebtheit – also in einer Zeit, als in jeder zweiten politischen Sonntagsrede von der ökologischen Verantwortung gegenüber späteren Generationen die Rede war. Daß man den Nachkommen auch ökonomisch die Zukunft verbauen kann, wurde im großen, gemütlichen Volksheim nicht so gern gehört.

Mit Blick auf diese Umverteilung von arm zu reich, von jung zu alt bekommt die moralische Penetranz des deutschen Wohlfahrtskartells einen ganz anderen Klang. Es geht in vielen Fällen schlicht und einfach nicht um die Linderung von Not, sondern um die Sicherung von Vorteilen. »Der Spiegel« faßte es so zusammen: »Es sind die Lauten und Vorlauten, die Cleveren und Unverschämten, die zu den Hauptnutznießern des Sozialsystems gehören.«

Wer zu den wirklich Bedürftigen zählt und leise leidet, hat schlechte Karten im Wohlfahrtsstaat. Als Mitte der neunziger Jahre am Sozialetat gespart wurde, traf es die Pflegesätze für Schwerbehinderte und die medizinische Versorgung für Asylbewerber, Gruppen also, die – anders als die Freunde des verbilligten Opernbilletts – keine kämpferische Lobby haben.

Nicht allein die allgegenwärtige Selbstbedienung der Arrivierten läßt gelegentlich unsere sozialen Gefühle erkalten. Auch ein Blick auf die offiziell Armen nährt Zweifel am staatlichen Manna-System. Denn wer ist arm? Die Weltbank definiert Menschen als absolut arm, wenn sie weniger als einen Dollar am Tag verdienen. Diese Definition würde auf einen Schlag alle Europäer für reich erklären (wer aus Reisen in Entwicklungsländer heimkehrt, den beschleicht manchmal das komische Gefühl, daß tatsächlich fast alle Europäer reich *sind*). Deshalb operiert man in der westlichen Welt mit dem Begriff »relative Armut«. Relativ arm ist, wer über weniger als die Hälfte des Durchschnittseinkommens seines Landes verfügt. 1998 waren das in Deutschland beispielsweise 9,1 Prozent der Bevölkerung. »Das bedeutet«, so der Schriftsteller Hans Magnus Enzensberger, »daß uns die Armut praktisch nicht ausgehen kann.« Denn wenn das Pro-Kopf-Einkommen bei zwei Millionen Mark läge, dann wären die einfachen Millionäre relativ arm. Die Deutschen werden immer reicher und mit ihnen auch die armen Deutschen. Der Durchschnittsverdiener verfügte im Jahr 2000 über ein doppelt so hohes Realeinkommen als 30 Jahre zuvor. Die relative Armut blieb dabei erhalten, ähnlich dem Tiefgang eines Schiffes, der unabhängig vom Wasserstand gleichbleibt.

Heutige Sozialhilfeempfänger genießen einen höheren Lebensstandard als Durchschnittsverdiener in den sechziger Jahren des 20. Jahrhunderts. Diese wären empört gewesen, hätte man sie damals arm genannt. Nicht nur der zeitliche Vergleich macht nachdenklich, sondern auch der geographische. »Die Armen in Deutschland haben einen höheren Lebensstandard als fast jeder zweite Europäer«, sagt Meinhard Miegel vom Institut für Wirtschaft und Gesellschaft (IWG). »Zu den wirklich Bedürftigen zählen rund fünf Prozent der Bevölkerung.« Die vielzitierte Altersarmut existiert kaum noch. Ende der neunziger Jahre bezogen nur noch 1,3 Prozent der über 65jährigen Sozialhilfe (inklusive die verschämten Alten, die zwar arm sind, sich aber nirgends melden, wird ihr Anteil auf maximal das Doppelte geschätzt. Vor 30 Jahren war es ein Vielfaches mehr).

Zum allgemeinen Anstieg des Lebensstandards kommt noch der versteckte Wohlstandsgewinn, den der technische Fortschritt ganz unauffällig mitliefert. Ein Taschenrechner, vor wenigen

Jahrzehnten noch ein teures Stück High-Tech, wird heute häufig als kostenloses Werbegeschenk mitgegeben. Qualität, Ausstattung und Funktionen von Gebrauchsgegenständen, Geräten und Wohnungen nehmen laufend zu. Ein Fahrrad, ein Telefon, ein Zwei-Zimmer-Appartement sind im Vergleich zu ihren Vorgängern von 1970 überaus luxuriös.

Es wird immer schwerer, wirkliche Armut an den Sozialstatistiken zu erkennen. »Ein Sozialhilfeempfänger«, schreibt Bernd Ulrich, »kann arm sein, muß es aber nicht. Ob er es ist oder nicht, hängt von einer Fülle von Faktoren ab: Arbeitet er heimlich schwarz? Hat er Freunde und Verwandte, die ihn unterstützen? Und, was ebenso wichtig, aber noch schwerer nachprüfbar ist: Kommt er mit seiner immer komplizierter und schneller werdenden Umwelt klar?« Wer in Deutschland von Stütze lebt, kann sich das Leben dennoch ziemlich gemütlich einrichten. Man muß nur den richtigen Rechtsanwalt kennen, vielleicht auch einen gefälligen Arzt, in der richtigen Szene verkehren, ein bißchen Organisationstalent besitzen, wissen, was wo günstig zu haben ist, und seine Ansprüche laut und vernehmbar formulieren. Andererseits kann ein weniger geschickter, hart arbeitender Selbständiger oder Lohnempfänger real arm sein. Seltsamerweise steht die Sozialhilfequote verschiedener deutscher Städte kaum in Verbindung mit der örtlichen Arbeitslosenquote. So hatte Bremen im Jahr 1999 einen Anteil von Sozialhilfeempfängern von 9,5 Prozent, Dresden jedoch – wo die Arbeitslosigkeit höher war – nur 1,9 Prozent.

Viele Menschen haben – wer kann es ihnen verübeln – aus dem, was früher als Notfallhilfe gedacht war, den biographischen Normalfall gemacht. Sozialarbeiter sprechen schon seit Jahren ironisch vom »Sozialadel« und meinen damit Familien, die seit drei oder mehr Generationen Sozialhilfe in Anspruch nehmen. Sie kennen das System bestens, wissen, wie man es möglichst reibungslos und effizient für sich nutzt, und tradieren diese Lebensform an ihre Kinder. Dieses Überlebenssystem zwischen Sozialamt, Schattenwirtschaft und Kleinkriminalität funktioniert recht gut. »Wenn Kinder schon von der Kleidung her richtig arm wirken, kann man fast sicher sein, daß die Familie keine Sozialhilfe bezieht, sondern der Vater zum Beispiel ein schlecht bezahlter Arbeiter ist«, erklärte ein Hamburger Sozialarbeiter gegenüber der Journalistin Irene Stratenwerth. Auch eine von der Reporterin befragte Sozialhilfeempfängerin bestätigte: »So viel Sozialhilfe, wie ich jetzt kriege, kann ich nie verdienen.« Ein anderer rechnete ihr vor, daß sein Verdienst beim letzten Job nur etwa 100 Mark über dem Sozialhilfesatz lag: »Dafür zehn Stunden am Tag auf dem Gabelstapler? Nein danke!«

Und diejenigen, die statt Däumchendrehen lieber einen sogenannten Billigjob machen würden, werden mitunter von einer sich besonders sozial gebärdenden Gesellschaft daran gehindert. »Finger weg«, maulten Kunden in einem deutschen Supermarkt, als helfende Hände (wie in den USA üblich) hinter der Kasse die erstandenen Waren in Tüten packten. Ein ägyptischer Schuhputzer, der sich in der Düsseldorfer Kö-Galerie eine bescheidene Existenz aufbauen wollte, gab nach drei Wochen entnervt auf: »Die Deutschen schämen sich, ihre Schuhe putzen zu lassen.« Der Dienstleistungsunternehmer Peter Dussmann, der mit seinem Imperium in 20 Ländern 37.000 Jobs geschaffen hat, schüttelt über die völlig kontraproduktive »political correctness« nur noch den Kopf: »Man beutet andere Menschen nicht aus, und deshalb darf es keinen Butler geben und keinen Schuhputzer. Das ist für mich eine asoziale Denke.«

Karitative Verbände, ihre wissenschaftlichen Hilfstruppen und politischen Vertreter behaupten seit Jahren, daß sich die Armut in Deutschland dramatisch verschärft. »Diese Art von Überdramatisierung«, so Bernd Ulrich, »von Dramatisierung auf Verdacht und mit diskurstaktischer Absicht bringt auf lange Sicht nichts.«

Wirkt das Mephisto-Prinzip auch im Sozialbereich, so müßte eine erfolgreiche Sozialpolitik weniger Wohltaten verteilen und härtere Kriterien an die Empfänger stellen. Genau dies fordern radikalliberale und libertäre Ökonomen. In einigen Bundesstaaten der USA wurden solche Ansätze bereits erfolgreich ausprobiert.

»Man hilft den Armen im Endeffekt nicht, wenn man dafür sorgt, daß sich Armut lohnt« schreibt der Radikalliberale Roland Baader. »Der beste Weg, die Armut zu beseitigen, besteht eben nicht darin, Einkommen umzuverteilen, sondern Einkommen zu erzeugen. Und nur die Marktwirtschaft ist eine Einkommenserzeugungsmaschine, nicht der umverteilende Staat.« Der Glaube, so Baader, man könnte durch Umverteilung Armut beseitigen, entspricht der aberwitzigen Annahme »man könnte die Stadtbewohner besser ernähren, indem man das Saatgut der Bauern unter ihnen aufteilt«.

Beispiel USA: Von dem Zeitpunkt, als Präsident Lyndon B. Johnson den »War on Poverty« (Krieg gegen die Armut) erklärte, bis zum Ende des 20. Jahrhunderts gaben die Vereinigten Staaten fünf Billionen (also fünftausend Milliarden) Dollar Steuergelder für Wohlfahrtsprogramme und Armutsbekämpfung aus. Es gibt jedoch keine Anhaltspunkte dafür, daß dies irgend etwas genützt hätte. Die offizielle Armutsquote blieb gleich. Einer der Gründe dafür ist vermutlich der Umstand, daß nur jeder sechste Dollar wirklich bei Familien ankam, die unter der Armutsgrenze leben.

Aber was zum Teufel könnte man tun, um die real existierende Armut wirklich zu bekämpfen? Was empfehlen neoliberale Sozialarbeiter? Wie wäre es beispielsweise, wenn private (oh Schreck!), kapitalistische (auweia!) Unternehmen mit dem Wohlfahrtsmanagement Profite (mein Gott) machen dürften? Dafür gibt es in den Vereinigten Staaten funktionierende Ansätze. »In ein paar Jahren«, sagte die Zeitung »USA-Today« voraus,

»wird Wohlfahrt eine Multi-Milliarden-Dollar-Industrie sein, reguliert vom Staat, aber in der Hand von High-Tech-Konzernen.« Bis dahin ist es jedoch noch ein weiter Weg, denn die wahren Profiteure des bestehenden Systems wissen ihre Interessen zu verteidigen. So schafften es die Gewerkschaften des öffentlichen Dienstes Ende der neunziger Jahre, die geplante radikale Privatisierung der Sozialfürsorge in Texas zu stoppen.

Unter den Unternehmen, die sich um den Auftrag bewarben, war auch eine Tochtergesellschaft des Waffenmultis Lockheed Martin. Die Agenten des Rüstungskonzerns hatten in Dallas bereits erfolgreich damit begonnen, Sozialhilfeempfänger in feste Jobs zu vermitteln. In vielen Bundesstaaten hilft die Firma den staatlichen Behörden, Alimente für Kinder einzutreiben, deren entflohene Väter nicht zahlen wollen.

Schon seit Mitte der achtziger Jahre ist das Unternehmen America Works in New York, Indianapolis, Cleveland und anderen Städten tätig. 1997 hatte es bereits über 5.000 Sozialhilfeempfänger in feste Arbeitsstellen vermittelt. Damit die Ex-Sozialfälle nicht gleich wieder abspringen, entwickelte die Firma Trainingsprogramme, die Langzeitarbeitslose wieder fit für einen Job machen. Ein Privatunternehmen tut dies natürlich nicht aus Nächstenliebe. American Works erhält eine Vergütung von den neuen Arbeitgebern der Klienten sowie 5.000 Dollar Prämie vom Sozialamt für jeden Klienten, der wieder vom eigenen Einkommen leben kann.

Ähnlich geht die holländische Firma Maatwerk vor, die im Jahr 2000 bereits 24 Niederlassungen in Deutschland hatte. Während die Stadt Hamburg, die zu ihren Kunden zählt, zuvor circa 400.000 Mark ausgab, um einen einzigen Bedürftigen ins Arbeitsleben zu integrieren, verlangt Maatwerk pro gelungene Vermittlung gerade einmal 6.000 Mark.

1996 reformierte Präsident Clinton das US-Sozialhilfegesetz: Staatliche Wohlfahrt wird nur noch auf Zeit gewährt und auch nur, wenn sich die Bezieher ernsthaft um Arbeit bemühen. Damals sagten besorgte Beobachter voraus, daß schon bald bettelnde Mütter die Straßen füllen und die Schlangen vor den Obdachlosenküchen der Kirchen immer länger würden. Nichts davon ist eingetroffen. Statt dessen hat sich die Zahl der Familien, die von staatlicher Fürsorge leben halbiert (von vier Millionen auf 2,2 Millionen im Jahr 2000). Millionen Menschen, die zuvor Sozialhilfe bezogen, wurden produktive Teilnehmer am Wirtschaftsprozeß. Zugegeben: Die boomende Konjunktur kam der Clinton-Reform zugute. Aber die Regierung tat auch etwas, um die Menschen zu motivieren. Staatliche Hilfen für Familien und Niedriglohnempfänger wurden kräftig aufgestockt. Dazu kommt in den USA eine negative Einkommenssteuer (Earned Income Tax Credit): Unter einem gewissen Einkommen gibt das Finanzamt Geld dazu, statt Steuern zu kassieren.

Als Vorreiter dieser neuen amerikanischen Sozialpolitik nach dem Motto »Armut darf sich nicht mehr lohnen« profilierte sich der republikanische Gouverneur des US-Staates Wisconsin am Westufer der großen Seen. In Wisconsin werden die Hilfsempfänger mit Zuckerbrot und Peitsche zur Eigenverantwortlichkeit bewegt. Wer von der Wohlfahrt lebt, muß vom ersten Tag an gemeinnützige Arbeiten verrichten, beispielsweise Parks säubern oder in Behörden aushelfen. Nur wenige, triftige Gründe befreien von der Pflicht, zu arbeiten oder einen Job zu suchen: Etwa die Geburt eines Kindes oder psychische Leiden.

Im Gegenzug kümmert sich die strenge Sozialbehörde Wisconsins intensiv um ihre Klienten. Damit auch Mütter arbeiten können, wurde der Etat für Kinderbetreuung verdreifacht. In Kursen können Langzeitarbeitslose Computerwissen erwerben und andere Kenntnisse auffrischen. Obendrein werden sie gründlich betreut, sobald sie einen Job gefunden haben: Sie lernen, mit der knapperen Zeit umzugehen und Streß zu bewältigen. Alle Sozialleistungen, die der Integration in die Arbeitswelt dienen, wurden ebenfalls drastisch erhöht: Busfahrkarten, Arbeitskleidung oder eine Uhr spendiert das Sozialamt zum Einstieg ins Berufsleben. So gibt der Staat pro Sozialhilfeempfänger heute das Dreifache aus wie vor Beginn der Reformen. Doch das ist für die Steuerzahler leicht zu verkraften, denn die vermeintliche soziale Kälte führte dazu, daß die meisten ehemaligen Wohlfahrtsbezieher lernten, eigenes Geld zu verdienen. In Wisconsin (5,1 Millionen Einwohner) sank die Zahl der Sozialhilfeempfänger zwischen 1987 und 1999 um über 90 Prozent auf unter 7.000.

Fassen wir zusammen: »Das Sozialsystem braucht eine weit offene Tür zum Arbeitsmarkt, hin zu Kombilöhnen, die Arbeitseinkommen für Geringverdiener mit sozialen Transfers verknüpfen – oder auch zu einem dritten Sektor, der soziale Ressourcen mobilisiert. Die Möglichkeiten eines flexiblen Sozialstaates sind größer als seine Gefahren.« Dieses Zitat stammt übrigens nicht von einem US-Republikaner sondern von Katrin Göring-Eckhard, Sozialexpertin der Grünen im Bundestag.

Kapitel 6

Die Technik ist der Dienstbote,
der nebenan so geräuschvoll Ordnung macht,
daß die Herrschaft nicht Musik machen kann.

Karl Kraus

Kalte Technik, warme Füße

Warum das Maschinenzeitalter gar nicht so ungemütlich ist

Der moderne Mensch liebt es sanft (Ausnahmen bestätigen diese Regel). Deshalb soll auch die Technik ganz sanft sein. Gaaaanz sanft. Anstelle von Kilowattstunden und Newtonmetern kennt die sanfte Technik nur eine Meßgröße: die Streicheleinheit. Streicheleinheiten gibt es beispielsweise für alles, was mit der Sonne zu tun hat. Also für Solarmobile, Solaruhren, Solarkocher. Einzige Ausnahme: Sonnenbänke. Die machen nicht grün, sondern braun und funktionieren außerdem elektrisch. Und wer weiß: Vielleicht kommt die elektrische Bräune direkt aus dem Atomkraftwerk. Das wäre dann sogar extrem unverträglich.

Das Gegenteil von sanfter Technik ist unsanfte Technik. Und die ist kalt. Gaaanz kkkkkaalt. Manchmal ist sie auch hart, etwa bei der harten Chemie. Zu den bösen Erzeugnissen des technischen Fortschrittes zählt der Technosoftie beispielsweise Kunstdünger und Insektenvernichtungsmittel, medizinische Apparate und Pillen, Kunststoffe und Gentechnik, Autos und Hollandtomaten, Dosen und Plastikgabeln. Nicht zu vergessen die Atomkraft und alles, was mit Erdöl zu tun hat.

Hinter solchen Erzeugnissen stehen vorzugsweise Konzerne

oder – schlimmer noch – Multis. Diese mafiosen Organisationen regieren die Welt mit Hilfe sogenannter Technokraten. Ihrem verwerflichen Tun muß nach Ansicht von sanften Technik-Homöopathen so schnell wie möglich Einhalt geboten werden. Die Partei der Grünen forderte beispielsweise in ihrem Programm zur Bundestagswahl 1998: »Das Festhalten an riskanten und unproduktiven Technologien wie Atomenergie, Kernfusion, bemannte Raumfahrt, Gentechnik, Rüstung und Transrapid muß beendet werden.«

Die Anhänger einer solchen grünen Politik befinden sich mit ihren Forderungen voll auf der Höhe der Zeit – und zwar der zwischen 1800 und 1900. Schon damals verdammten mutige Stimmen neue Technologien. Ein bayrisches Ärztekollegium hatte beispielsweise 1832 wissenschaftlich bewiesen, daß Bahnfahren »unausweichlich zu einer Gehirnerkrankung führen muß«. Irgendwie wurde die Eisenbahn bereits als eine Art Castortransport empfunden, denn weiter stellen die frühen Umweltmediziner fest: »Wenn Reisende nichtsdestoweniger entschlossen sind, sich dieser schrecklichen Gefahr auszusetzen, muß der Staat wenigstens die Zuschauer schützen, denn sonst werden sie beim Anblick der Wagen von dieser Hirnkrankheit befallen.«

Auch König Ernst August von Hannover, ein Vorfahre des heutigen »Prügelprinzen«, ballte die Faust: »Ich will nicht, daß jeder Schuster und Schneider so schnell reisen kann wie ich.« Kein Wunder, daß auch Preußens König Friedrich Wilhelm III. um »Ruhe und Gemütlichkeit« fürchtete. Er konnte sich außerdem »keine große Seligkeit davon versprechen, ein paar Stunden früher in Berlin oder Potsdam zu sein«. Die hoheitliche Argumentation wurde dann eineinhalb Jahrhunderte später basisdemokratisch aufgegriffen, um die Transrapidstrecke nach Berlin erfolgreich zu verhindern (siehe oben, Grüne).

Auch heutigen Prinzen paßt die ganze Richtung nicht. So geißelt der britische Thronfolger und Biobauer Prinz Charles gentechnische Gewächse jeder Art: »Die Wissenschaft ist dazu da, die Natur zu verstehen, nicht sie zu verändern«. Leider kommt er mit dieser Feststellung 10.000 Jahre zu spät, denn da wurde die Landwirtschaft erfunden. Der letzte Versuch, eine Gesellschaft in das vortechnische Zeitalter zurückzuführen, wurde übrigens von dem Kambodschaner Pol Pot unternommen.

Die Abscheu vor der bösen Technik verbindet inzwischen eine bunte Liste linker und rechter Fundamentalisten. Im Frühjahr 2000 haben uns die deutschen Feuilletonspalten mit imposantem Theaterdonner Bill Joy aufgetischt, einen Nestor der Software-Entwicklung und Chief Scientist bei Sun-Microsystems. Der Ex-Computerfreak ist mittlerweile ein gesetzterer Herr auf dem Gipfel seines Erfolges. Und von diesem gemütlichen Aussichtspunkt findet er den technischen Fortschritt jetzt irgendwie ganz arg bedrohlich, besonders Robotik, Nano- und Biotechnologie. Intelligente, sich selbst reproduzierende Roboter würden, so Joys Prophezeiung, alles Wahre, Schöne, Gute vernichten und schließlich die Menschheit auslöschen. »Wir stehen«, so Joy, »an einer Schwelle der weiteren Perfektionierung des Bösen in seinen extremsten Auswirkungen.«

Seine phantasielosen Science-fiction-Klischees rührt er mit gängigen Moralplatitüden an (»Wir können nicht einfach unserer Wissenschaft nachgehen und die ethischen Fragen ausblenden«), streut ein paar modische Kampfbegriffe hinein (»entfesselter globalisierter Kapitalismus«, »triumphierender Kommerzialismus«), und fertig ist der Gesinnungsbrei, nach dem Verbieter und Regulierer hungern. Welch köstliche Morgengabe: ein Amerikaner, dazu ein Computerexperte! Das schmeckt dem deutschen Bedenkenträgertum. Auch der Feuilletonchef der Frankfurter Allgemeinen Zeitung promotete mit großem Eifer die Warnungen vor »einer technologischen Beschleunigung, die sich viel schneller, als bisher angenommen wurde, der menschlichen Kontrolle entziehen könnte«.

Ein Glück, daß die Eisenbahn sich vor 150 Jahren der menschlichen Kontrolle entzog und einfach Richtung Zukunft dampfte. Das Wahre, Schöne, Gute blieb nicht auf der Strecke, ganz im Gegenteil. Heute gilt die Eisenbahn Schöngeistern aller Art als das »sanfte« und umweltverträgliche Verkehrsmittel schlechthin. Zu verdanken haben sie ihr Lieblingsverkehrsmittel technophilen Glücksrittern und raffgierigen Eisenbahnbaronen. Vor allem aber einer eklatanten Verletzung des Vorsorgeprinzips. Mephisto beweist halt immer wieder Sinn für Ironie.

Besonders wenn risikobereite Technikträumer mit mangelndem Bezug zu gesellschaftlicher Verantwortung Probleme lösen, die sie überhaupt nicht lösen wollten. Gehen wir doch einmal der simplen Frage nach: Wer hat eigentlich die Wale gerettet? Greenpeace? Leider nein. Der amerikanische Glücksritter Colonel Adwin Drake war es. Er lebte im 19. Jahrhundert und war nicht gerade das, was man einen Umweltschützer nennt. Drake besuchte 1859 Titusville in Pennsylvania. Erdöl drang in dem kleinen Ort ganz von selbst an die Oberfläche, sammelte sich in Tümpeln und wurde von den Menschen mit Eimern und Kellen gesammelt. Das schmierige Zeug eignete sich als Betriebsstoff für die Petroleumlampen und war zudem viel billiger als das überall auf der Welt gebräuchliche Walöl. Das brachte Drake auf eine Idee.

Der Colonel überließ die Weltmeere anderen und griff statt zur Harpune zum großtechnischen Bohrer. Mit dem zielte er, getrieben von der Gier nach schnellem Profit, auf Titusville. Am 27. August 1859 erschloß er in etwa 25 Metern Tiefe die erste Ölquelle der Geschichte. Ausbeuter wie John D. Rockefeller folgten und schufen die Ölindustrie. Mit rücksichtsloser Energie und neuen Techniken scheffelten sie Milliarden – und trieben nebenbei die Walfangflotten langsam aber sicher in den Ruin. Die schnell wachsende Konkurrenz des Mineralöls verhinderte, daß die großen Walarten bereits im 19. Jahrhundert gänzlich ausgerottet wurden. Die Tatsache, daß die Regenbogenkrieger von Greenpeace heute überhaupt noch große Meeressäuger beschützen können, verdanken sie den Gründervätern von Mobiloil, Exxon, Shell & Co. Irgendwie gemein.

Auch das wirkungsvollste ökologische Symbol des Jahrhunderts ist nicht gerade aus Altruismus geboren worden. Die Rede ist vom Bild des blauen Planeten aus dem All. Wir verdanken es dem Kalten Krieg, der technikgeilen Wissenschaftlern den Vorwand für die Raumfahrt lieferte. Die Triebfeder, als erste Nation auf dem Mond zu landen, entsprang purem Chauvinismus der US-Kapitalisten. Doch die Fotos unserer einsamen Kugel im Kosmos veränderte das Bewußtsein der Menschheit in eine völlig andere Richtung. »Als das Apollo-Programm 1969 die ersten Bilder der Erde aus dem All funkte, verlieh dies der Umweltbewegung ein ungeheures Momentum« erinnert sich Stewart Brand, ein prominenter Protagonist des ersten »Earthday« im Jahre 1970. Plötzlich setzte sich die Erkenntnis durch: Wir sind eine Welt. »Dieser Effekt war weder beabsichtigt, noch wurde er von irgend jemandem vorausgesehen«, sagt Brand und fügt hinzu: »Pikanterweise haben beinahe alle Umwelt- und Naturschützer die Raumfahrt damals aktiv bekämpft.«

So veranstalteten Frauen kurz nach der Mondlandung zusammen mit ihren Kindern vor dem Kontrollzentrum in Houston ein Sit-in. Ihre Kritik: Wieso wird Geld für die Erforschung des Weltalls verschwendet, wenn auf der Erde der Hunger immer noch nicht besiegt ist? Leider fanden sie auf eine berechtigte Frage die falsche Antwort. Die große Welle der Technikkritik startete, ab jetzt war Jute statt Plastik angesagt.

Die deutschen Grünen boykottierten sogar die Informationstechnologie – und zwar bis in die neunziger Jahre hinein. Hinter den Chips lauerte, wie könnte es anders sein, das Reich des Bösen und die finale elektronische Knechtschaft. Heute sind es jedoch die Diktatoren dieser Welt, die sich vor der anarchischen Informationsfreiheit des Internets am meisten fürchten. Von wegen Knechtschaft. Außerdem hat sich herumgesprochen: Nirgendwo funktioniert die von Ökologen und Umweltschützern geforderte Entkoppelung von Wohlstandswachstum und Ressourcenverbrauch besser als in diesem Sektor. Softwarekonzerne haben einen höheren Börsenwert als Daimler-Chrysler. Und die Produktion wiegt praktisch gar nichts mehr. Grenzen des Wachstums? Nirgends. Länder wie Indien überspringen mit ihrer boomenden Softwareindustrie ganze Epochen der industriellen Entwicklung. Ein alter Traum der Dritte-Welt-Bewegung rückt damit näher. Die unbesorgten Turnschuhgründer der Spaß- und Yuppiegeneration haben diese neuen Horizonte eröffnet, nicht der Club of Rome oder das Wuppertal-Institut.

Wie es aussieht, kommen Umweltentlastungen häufig schneller (und aus anderen Gründen), als dies politisch gewünscht ist. Dank Nano- und Biotechnologie, dank Robotik und Computer werden Produkte immer kleiner und leichter, Produktionsprozesse erfordern immer weniger Energie und Wasser, werden immer sauberer. Die Chemiefabrik der Zukunft wird in einen Schuhkarton passen. Der vielbeschworene Müllnotstand ist eingetreten, allerdings genau andersherum als erwartet: Die Entsorger balgen sich heute mangels Masse um jede Tonne Abfall. All dies verdankt sich nicht selbstlosem Engagement, sondern schnödem Konkurrenzdruck. Die Ideologen aller Fraktionen sind den Ingenieuren darob ein wenig gram. Niemand läßt sich gerne von ein paar hergelaufenen Technikern den Wind aus den Segeln der Utopie nehmen.

Ganz besonders böse ist man übrigens auf Norman Borlaug. Borlaug? Nie gehört. Dabei bekam der Mann 1970 den Friedensnobelpreis. Er hat nämlich mehr Leben gerettet als jeder andere Mensch in der Geschichte. Er hat die Grundlagen dafür entwickelt, daß in Indien und China seit Jahrzehnten keine Hungersnot mehr ausgebrochen ist. Borlaug ist der geistige Vater der

»Grünen Revolution«, jener gewaltigen Erhöhung der landwirtschaftlichen Produktivität durch bessere Getreidesorten, die seit den sechziger Jahren des vorigen Jahrhunderts die globalen Ernteerträge vervielfachte.

Und doch kennt kaum jemand den inzwischen hochbetagten Agrarwissenschaftler aus Iowa. Höchst prominent sind dagegen Organisationen wie das Worldwatch-Institute oder der Club of Rome. Diese haben in den siebziger Jahren gewaltige Hungersnöte vorhergesagt, die Millionen Menschenleben kosten würden. Allenfalls eine Rückkehr der Menschheit zum einfachen Leben schien geeignet, die Katastrophe zu verhindern. Als Führungspersonal für das ökosozialistische Utopia boten sich Herren wie Paul Ehrlich (»Die Bevölkerungsbombe«) oder Dennis Meadows (»Die Grenzen des Wachstums«) an. Und dann kommt dieser Herr Borlaug dahergelaufen und macht die schöne Katastrophe einfach kaputt: mit harter Agrarwissenschaft, mit Technik und mit Unterstützung des Rockefeller-Institutes (schon wieder Rockefeller!). Die UN-Landwirtschaftsorganisation FAO stellte zur Jahrtausendwende fest: Wenn heute auf der Welt Menschen noch hungern, dann liegt dies nicht mehr an der mangelnden Verfügbarkeit von Nahrungsmitteln, sondern an Kriegen und der Mißwirtschaft totalitärer Systeme. Seit die Ideologen dadurch wieder auf sich selbst zurückgeworfen sind, macht ihnen das Thema Hunger nun gar keinen Spaß mehr.

Statt dessen haben sie jetzt ihr Herz für die Tiere entdeckt. Schließlich ist der Artenreichtum auf der Erde ernsthaft bedroht. Doch schon wieder bietet die kalte Technik bessere Perspektiven als der moralische Qualm, der nur den Blick vernebelt. Am Anfang zur Einsicht steht die Feststellung: Je weniger Land die Menschheit bewirtschaftet, desto mehr bleibt unberührt. Und da kann sich beispielsweise das seelenlose amerikanische Agro-Business mit seiner High-Tech-Landwirtschaft sehen lassen. Die landwirtschaftliche Produktivität hat sich dort im zwanzigsten

Jahrhundert vervierfacht. Gleichzeitig verringerte sich die bewirtschaftete Fläche um 80 Millionen Hektar, dafür dehnten sich die Wälder um 40 Millionen Hektar aus. »Wäre der Rest der Welt so produktiv wie die amerikanischen Bauern, würde weltweit halb soviel Land wie heute verbraucht«, sagt der amerikanische Ingenieur Peter Huber, der am Massachusetts Institute of Technology (MIT) lehrte. Statt dessen sind unproduktive Kleinbauern in der Dritten Welt gezwungen, die Tropenwälder abzubrennen. Viele internationale Artenschützer stehen deshalb der grünen Gentechnik aufgeschlossen gegenüber (ganz im Gegenteil zur Mehrheit deutscher Umweltschützer). Neue Sorten, die auf kargen Böden mehr Ertrag bringen, könnten zur Lösung des Problems beitragen. Und sie würden weniger oder gar keine Pestizide mehr benötigen. Je effizienter die Landwirtschaft in den sich entwickelnden Ländern wird, desto besser.

An historischen Parallelen mangelt es ja nicht. Die Dampfmaschine erlaubte die Förderung von Kohle aus großen Tiefen und rettete somit den Wald in Europa vor der endgültigen Rodung. Holz war bis ins 19. Jahrhundert der wichtigste Energieträger. Weil es immer knapper wurde, hatte man in England sogar schon begonnen, Parkbäume zu verfeuern. Erst als der Rohstoff Kohle dem Holz wirtschaftlich den Rang ablief, nahmen die Kahlschläge ab und der Wald konnte sich allmählich wieder ausdehnen. Die heutige Situation in vielen Entwicklungsländern ist genau mit diesem Stadium vergleichbar, weil Menschen dort in Ermangelung von Alternativen Wald für Feuerzwecke abholzen oder zur Gewinnung von Ackerflächen roden. Die kalte Technik kann der Natur ein warmes Plätzchen reservieren, das Festhalten an 10.000 Jahre alten Nomaden- und Brandrodungs-Kulturen bedeutet ihren sicheren Untergang (möge diese Botschaft bis nach Schloß Windsor zu ihrer königlichen Hoheit Prinz Charles vordringen).

Zugegeben – und da hat Prinz Charles ganz recht – die gegenwärtige Landwirtschaft Europas und Nordamerikas hat Schattenseiten (tierquälerische Fabrikställe, Güllebelastung, Überdüngung, falscher und übertriebener Einsatz von Pestiziden). Solche ökologische Ineffizienz ist oftmals das Ergebnis gutgemeinter staatlicher Fürsorge, mit der die Verbraucher, die Bauern und die Agro-Industrie bei Laune gehalten werden. Denn diese Irrwege werden mit Milliarden Steuergeldern subventioniert. Dennoch – und das gerät oft in Vergessenheit – hat der technische Fortschritt in der Landwirtschaft Millionen von Menschenleben gerettet. Ein Zurück zur mühseligen und flächenfressenden Landwirtschaft der Vorväter kann nicht die Lösung sein – moderne Ökobauern wissen das und haben kein Problem mit High-Tech auf dem Acker.

Eine Emanzipation der Landwirtschaft vom Land ist keineswegs utopisch. Schon heute wachsen Holland-Tomaten auf Steinwollequadern, die per Schlauchsystem mit Wasser und Dünger versorgt werden. Dabei wird von den Hightech-Produzenten weniger als ein Drittel der Pestizide eingesetzt, die konventionelle Bauern auf ihre Felder sprühen. Das »Künstliche« dürfte einmal mehr das »Natürliche« retten. »Anstatt von der Chemie mit ihren toxischen Nebeneffekten abhängig zu sein«, sagt Jeffrey A. McNeely, der wissenschaftliche Leiter der Weltnaturschutzunion IUCN, »wird die Landwirtschaft der Zukunft auf der Biologie basieren, einer Wissenschaft der Erneuerbarkeit und Wiederverwertung.« Und er fügt hinzu: »Weil mehr auf weniger Land produziert werden kann, wird mehr Raum für die übrigen Mitgeschöpfe verbleiben.« Man würde also genau das praktizieren, was grüne, rote und schwarze Fundamentalisten in jeder Sonntagsrede fordern: Verzicht – nämlich Flächenverzicht zugunsten der Natur und künftiger Generationen, die auch noch etwas von der Schönheit der Natur haben wollen.

Schon die erste grüne Revolution hat in vielen Regionen der Erde Wälder und andere Naturgebiete bewahrt. Die zweite grüne Revolution wird deshalb das Beste sein, was der Wildnis passieren kann – und auch den Menschen. Vielleicht sollte man die Gentech-Konzerne, die wie üblich nur Geld verdienen wollen, mit ihren Versprechungen einfach mal beim Wort nehmen. Dann würde sich sehr schnell herausstellen, wie ernst sie es mit der Bekämpfung des Hungers und dem Schutz der Umwelt in der Welt wirklich meinen. Doch statt dessen werden die Tiraden der Gentechnik-Gegner immer zynischer. Die Inderin Vandana Shiva, eine an die Podien der westlichen Protestfabrikation fest angeschraubte Lichtgestalt im Kreuzzug gegen die Gentechnik, verdammt sogar eine neue Reissorte, die mit Vitamin A angereichert wurde. Dieser verbesserte Reis könnte für viele Arme in Asien die Gefahr bannen, durch Vitamin-A-Mangel zu erblinden. Doch Vandana Shiva empfiehlt in einer Schmähschrift gegen den Genreis, die Leute sollten besser mehr Leber, Eigelb und Spinat essen. Wie sagte einst Marie Antoinette? »Wenn das Volk kein Brot hat, soll es Kuchen essen.« Für arme Menschen gilt hier wie so oft: Wer solche Freunde hat, braucht keine Feinde.

Dies trifft übrigens auch auf die Solartechnologie zu, die sich vor grünen Streicheleinheiten kaum retten kann. Bedauerlicherweise gibt es ein paar Mißverständnisse unter der Sonne. Deshalb noch einmal eine Preisfrage: Welches ist das bei weitem am besten funktionierende und mit Abstand ertragreichste solartechnische System? Subventionierte Sonnenzellen auf deutschen Dächern? Leider daneben: Unangefochtene Solarweltmeister sind die effizienten Nutzpflanzen der grünen Revolution, Norman Borlaug sei Dank. Sie verwandeln das strahlende Licht des Kernkraftwerkes Sonne in gigantische Mengen von Nahrungsenergie.

Chemische Zusatzstoffe machen die daraus erzeugten Lebensmittel haltbar und erhöhen die Effizienz der globalen Solarwirtschaft weiter. Auch moderne Verpackungen sind ein wichtiger Bestandteil des Solarzeitalters. Weniger verdorbene Lebensmittel sparen schlichtweg Energie. Eine Dose Ananas oder Bohnen speichert Brennstoff für den Menschen. Deshalb haben viele einen kleinen Vorrat davon im Keller. Früher mußte der Mensch oft den Inhalt fortwerfen, heute nur die Verpackung. Wer die Dose zum Sinnbild der Wegwerfgesellschaft macht, stellt die Dinge in Wahrheit auf den Kopf.

Selbst der Kühlschrank, letztes Glied der Solarkette, macht sich als Bollwerk gegen die Wegwerfgesellschaft verdient. Ganz zu schweigen von seinen (völlig unbeabsichtigten) gesundheitlichen Nebenwirkungen: Der kälteste aller technischen Apparate zieht nach internationalen Studien einen signifikanten Rückgang der Magenkrebshäufigkeit nach sich, weil frische Lebensmittel das gute alte, leider aber krebserregende Pökeln und Räuchern ersetzen.

Der grüne Sonnenanbeter wird all dies mit Schaudern zur Kenntnis nehmen. Aber es kommt noch dicker: Die Gentechnik weist nun den Weg zum grünen Blatt als Solarzelle. Neue, effizientere Pflanzen könnten gar in bioorganischen Systemen münden, die uns den Brennstoff für unsere Motoren oder Heizungen im Direktverkauf ab Wurzel liefern. Mephisto schlägt wirklich höllisch zu: Die großen Durchbrüche der sanften Solartechnologie resultieren künftig aus der vorgeblich so unsanften Gentechnologie. Oder besser: Beides wird das gleiche sein. Bildlich gesprochen: Monsanto und Shell wachsen zusammen, eine Verdoppelung des Bösen, die zu größten Hoffnungen Anlaß gibt.

Die Natur hat übrigens noch nie einen Unterschied zwischen sanfter und unsanfter Technik gemacht. Ein spektakuläres Beispiel für die mangelnde politische Sensibilität der Natur liefert die berühmte Ölplattform Brent Spar, deren Versenkung von Greenpeace verhindert wurde. Die norwegischen Prüfer von der unabhängigen Organisation Det Norske Veritas (DNV) haben inzwischen ihren Abschlußbericht vorgelegt. Darin steht: Die Bohrplattform war überhaupt nicht verseucht, Greenpeace hat die Unwahrheit gesagt. Die ursprünglich geplante Versenkung des Ungetüms im Nordatlantik wäre auch ökologisch die beste Lösung gewesen. Die erzwungene »sanfte« Entsorgung an Land kostete Unmengen Geld (100 Millionen Mark) und Unmengen Energie. Dabei hätte das Ungetüm aus Stahl und Beton im ziemlich öden Nordatlantik einen willkommenen Lebensraum für Meerestiere abgegeben. Mephisto schlägt auch unter Wasser zu: Auf den Stahlteilen fanden die Abwracker riesige Mengen der seltenen und unter Naturschutz stehenden Korallenart Lophelia Pertusa, die sich dort freudig angesiedelt hatte (und deren Erhaltung Greenpeace ganz besonders am Herzen liegt). Dies führt zu dem aparten Schluß: Greenpeace hat den Shell-Konzern gezwungen, 100 Millionen Mark für die völlig nutzlose Zerstörung eines seltenen Korallenriffes auszugeben.

Kapitel 7

Der politische Naturschutz wurde
von dem konservativen Republikaner Theodore Roosevelt
erfunden. Er liebte wilde Tiere.
Besonders liebte er es, sie abzuschießen.

Peter Huber

Tragt Pelzmäntel, kauft Tropenholz!

Wer die Natur wirtschaftlich nutzt, schützt sie am besten

Wie sehen echte Naturschützer aus? Der eine hockt im gelben Ölzeug am Außenbordmotor eines Schlauchbootes und kämpft sich durch die Bugwelle eines Walfängers. Der andere trägt bedrohte Kröten über eine vielbefahrene Straße. Der dritte fährt in einem Luxussportwagen mit roten Ledersitzen vor. Er trägt Maßanzüge, teure Hemden mit goldenen Manschettenknöpfen und läßt sich den Champagner von seinem Diener – schwarz in weißer Livree – nachschenken. Moment mal, ein Partylöwe als Naturschützer, geht das? Es geht.

Der Deutsche Wolfgang Kiessling überlegte Anfang der siebziger Jahre, wie er auf der Urlaubsinsel Teneriffa ordentlich Geld machen könnte. Sein Plan: ein Safaripark, denn die waren damals groß in Mode. Doch bei der Kostenkalkulation stellte sich heraus, Kauf und Unterhalt der Großtiere waren viel zu teuer. Da erinnerte sich sein Vater an einen Florida-Urlaub, in dem er den Papageienpark »Parrot Jungle« besucht hatte. Papageien, so der Vater, kosten nicht allzuviel (das war zumindest damals so), fressen nur ein paar Körner und werden uralt – alles in allem also ideale Mitarbeiter. Kiessling kaufte ein kleines Grundstück, ein paar Dutzend Papageien und wurde Unternehmer.

Heute durchstreifen nahezu 1,5 Millionen Besucher im Jahr seinen »Loro Parque« und lassen über 45 Millionen Mark Umsatz da. Der bunte Vogel Kiessling führt einen der besten Zoos der Welt: Großräumige, ästhetische und verhaltensgerechte Tiergehege liegen eingebettet in einem wunderschönen tropischen Park. Während die meisten Zoologischen Gärten in Deutschland chronisch defizitär arbeiten und bei den Städten die Hand aufhalten, macht Kiessling Gewinne. Er erhielt dafür mehrere spanische Wirtschaftspreise für besonders erfolgreiches Unternehmertum. Wie der Loro Parque werden auch in Holland und den USA einige der führenden Zoos der Welt – oh Schreck! – kapitalistisch geführt. Sie machen Profit, setzen nebenbei Maßstäbe in Architektur und Artenschutz und erinnern kaum noch an die tristen Tiergefängnisse aus der Zoo-Steinzeit.

Kiessling steckt sein Geld nicht nur in teure Antiquitäten und Autos, er hat auch eine Stiftung gegründet. Über eine Million Dollar investierte er in Naturschutzprojekte, die Hälfte davon in den Erhalt der seltensten Vogelart dieser Welt. Der Scheckbuch-Ökologe hat sich in den Kopf gesetzt, den brasilianischen Spixara vor dem Aussterben zu retten. Das ist ohne Zweifel eine gute Idee, denn in freier Wildbahn lebt davon nur noch ein Exemplar.

In Europa kommen Öko-Kapitalisten wie Wolfgang Kiessling kaum häufiger vor als der seltene Vogel. Woanders vermehrt sich die ökokapitalistische Spezies hingegen rasant. In den USA, dem Heimatland des grünen Dollars, hat Naturschutz mit privatwirtschaftlichen Mitteln sogar eine lange Tradition. Über 900 naturliebende Bürgerinitiativen in den Staaten handeln nach der Devise: Protestieren ist gut, aufkaufen ist besser. Sie erwerben Wälder, Prärien und Seen, um sie den wilden Tieren zu vermachen.

Die Grundstückshaie von The Nature Conservancy beispielsweise, der reichsten privaten Kaufinitiative, erwarben seit Mitte der fünfziger Jahre mehrere Millionen Hektar Land in aller Welt (darunter ganze Inselgruppen im Pazifik) und verwandelten sie in Naturreservate. The Nature Conservancy sei eine Art General Motors unter den grünen Landkäufern, schrieb der britische »Economist«. Als Anfang der neunziger Jahre die US-Wirtschaft in der Flaute steckte, weinten Immobilienspekulanten bittere Tränen und ein Fachblatt der Branche schimpfte über raffgierige Ökos, welche »die Rezession ausnutzen und Land zu Schleuderpreisen erwerben«. Grizzlybär und Wapitihirsch, Bison und Kojote brachten derweil einen Toast aus: Es lebe die freie Marktwirtschaft!

Unter den Superreichen in USA gilt es zunehmend als stilvoll, sich gelegentlich mal einen eigenen Nationalpark zu gönnen. So schenkte Hollywoodstar Harrison Ford seinen 280 Hektar großen Vorgarten einer privaten Umweltstiftung. Der Indiana-Jones-Darsteller unterstützt außerdem Grundstückskäufe von Naturgebieten in aller Welt. Der Textilmillionär Douglas Tompkins kaufte ein 2.600 Quadratkilometer großes Waldgrundstück in Chile, um es unter Naturschutz zu stellen. Manche US-Naturschützer haben auch keinerlei Hemmungen, aus ihren Privatreservaten Profit zu schlagen. Anstatt sich nach deutscher Manier vom Staat subventionieren zu lassen, verlangen sie Eintrittsgeld von Naturfreunden, die durch ihr kapitalistisches Biotop wandern wollen. Motto: Ein Urwald ist immerhin ein Themenpark mit 24-Stunden-Programm, tierischen Überraschungen und schrillen Soundeffekten. Deutsche Naturschützer finden solche kapitalistischen Strategien das allerletzte. Sie wolle den Staat aus seiner Verantwortung nicht entlassen, erklärt Kerstin Oertler vom Bund für Umwelt und Naturschutz (BUND). Man wolle nicht »Großbesitzer« werden und lege keinen Wert auf »so manchen Spender aus der Wirtschaft«. Viel wichtiger sei »unsere politische Arbeit«. So sehen es hierzulande die meisten Naturschützer, und auch Greenpeace lehnt Naturbewahrung mit Marktmitteln empört ab. Harrison Ford hält Greenpeace deshalb für »etwas albern und eher wirkungslos«.

Die Natur jedoch kommt mit ihren privaten Besitzern prima zurecht. Nicht zuletzt wegen der vielen nichtstaatlichen Wildnisoasen konnten sich viele bedrohte nordamerikanische Tierarten in der zweiten Hälfte des 20. Jahrhunderts wieder erholen. In Deutschland ist so etwas natürlich auch denkbar, aber leider nicht machbar. Deutscher Wald und deutsche Flur müssen ja vor der schnöden privaten Profitgier gerettet werden. Zu diesem edlen Zweck ist der Staat für den Naturschutz zuständig, eine Institution also, die sogar Post oder Bahn auf das Niveau bedrohter Arten heruntergewirtschaftet hat. Und dementsprechend sehen die Naturschutzflächen zwischen Flensburg und Berchtesgaden auch aus.

»Naturschützer sollten die Nutzung der Natur nicht verhindern, sondern fördern«, fordert der Umweltökonom Terry L. Anderson. Wildtiere spielen Milliarden ein, egal ob als Jagdtrophäe, Tourismusattraktion, Pelz- oder Fleischlieferant. Würden clevere Naturschützer dieses Geschäft selbst in die Hand nehmen, könnten sie es im Dienste der Artenvielfalt betreiben. Dies ist nur scheinbar ein Widerspruch. Viele Menschen in den Entwicklungsländern erhielten so endlich eine Chance, die Natur vor ihrer Haustür auf ökologisch verträgliche Weise zu nutzen. Was spricht eigentlich dagegen? Nichts als der moraltriefende Starrsinn einiger Ökofunktionäre, die bestimmen, welche Wege zum Naturschutz gut und welche böse sind.

Sie trichtern den gutgläubigen Lesern und Zuschauern ein, daß es verachtenswert sei, Elfenbein, Pelze, Krokodilleder oder Tropenholz zu kaufen. Doch der Handel mit solchen Naturprodukten ist weder grundsätzlich unmoralisch noch grundsätzlich unökologisch. Das ist er nur dann, wenn die Rohstoffe aus Raubbau oder Wilderei stammen. Kommen sie jedoch aus einer vernünftigen naturverträglichen Nutzung, kann ein echter Naturfreund gar nichts Besseres tun, als sich Billardtische aus Tropenholz mit Kugeln aus Elfenbein anzuschaffen.

Das Beispiel Indonesien beweist: Nicht der Wert des Tropenwaldes, sondern seine vermeintliche Wertlosigkeit ist gefährlich. Warum wurden Ende der neunziger Jahre viele Tausend Hektar Urwald auf Borneo angezündet? Plantagenfarmer wollten auf den verkohlten Flächen Palmöl und Kautschuk anbauen. Diese landwirtschaftlichen Produkte bringen weitaus mehr Geld ein als Holz. Würde dagegen der Wald mehr Gewinn abwerfen als Plantagen, etwa durch Forstwirtschaft, das Sammeln pharmazeutischer Rohstoffe, Tourismus, Jagd oder all das zusammen, dann würden die Waldnutzer diese Einkommensquelle gegen die Brandroder verteidigen.

Überall auf der Welt, wo im Laufe der Jahrhunderte Wald gerodet wurde, geschah dies, um Äcker, Viehweiden und Plantagen anzulegen. Nicht die grünen Holzboykotteure, sondern die vielgeschmähten Forstunternehmen sind die beste Versicherung für den Wald, denn wer vom Holz lebt, achtet darauf, daß es auch nachwächst. Dies haben mittlerweile auch die großen Naturschutzverbände erkannt und unterstützen den Verkauf von Tropenholz aus ökologisch verträglicher Forstwirtschaft. Leider haben sie viel wertvolle Zeit vertan, indem sie zuvor jahrelang einen ökologisch und ökonomisch unsinnigen »Tropenholzboykott« propagierten.

Wie weit die grüne Gesinnungspolizei sich von der ökologischen Realität entfernt hat, zeigt der heftige Streit um Kanadas Forstwirtschaft. Den dortigen Holzfirmen wird von Greenpeace und Co. medienwirksam vorgeworfen, sie würde durch Kahlschläge die Urwälder an der Westküste zerstören. Die Kampagne war so erfolgreich, daß die deutsche Papierindustrie auf Geheiß von Greenpeace den Kanadiern mit der Kündigung der Verträge drohte. Doch bei näherer Betrachtung entpuppten sich die Greenpeace-Argumente als die übliche moralisch-emotionale

Erpressung. Denn Kanadas Holzkonzerne haben die ökologischen Fakten auf ihrer Seite.

Im zweitgrößten Land der Erde wachsen 417,6 Millionen Hektar Wald, das sind etwa 10 Prozent des gesamten Waldbestandes der Welt. Pro Jahr fällen kanadische Holzfäller etwa 0,4 Prozent der Bäume. Laut FAO-Bericht von 1999 nimmt die Waldfläche Kanadas seit Jahren zu. Im Gegensatz zu West-Europa führen in Kanadas Wäldern Bären, Wölfe und anderes Großgetier ein munteres Leben. Schwarzbären und Hirschen kommt die Kahlschlagwirtschaft gerade recht. Sie halten sich – so stellten Ökologen verblüfft fest – lieber auf frisch nachgewachsenen Flächen auf als im alten Wald. Denn durch den Lichteinfall auf den Kahlschlagflächen wachsen Büsche, Beeren und andere bodennahe Futterpflanzen viel üppiger. Die vielfach verurteilten großflächigen Abholzungen der Kanadier sind ökologisch absolut vertretbar, denn sie wirken wie Feuer oder Sturm – Ereignisse, an die sich Wälder seit vielen Tausend Jahren angepaßt haben. Selektives Fällen – wie von den Gegnern der angeprangerten Holzkonzerne gefordert – verändert das Ökosystem Wald dagegen viel stärker, da es manche Bäume gegenüber anderen bevorzugt.

Die in Kanada operierenden internationalen Forstunternehmen wollen dauerhaft Gewinne machen und handeln genau deshalb in der Regel so, wie es am besten für die Natur ist. Ihre Profitinteressen sorgen dafür, daß Wälder weiterhin Wälder bleiben und die Landfläche nicht anderweitig genutzt wird. So erweist sich der Holzfäller langfristig betrachtet als bester Freund des Grizzlybären. »Es ist völlig aberwitzig«, sagt der Kanadier Patrick Moore, Mitbegründer und langjähriges Führungsmitglied von Greenpeace, »wenn Greenpeace die Forstwirtschaft als Feind der Wälder hinstellt. Forstwirtschaft ist ökonomisch auf Wälder angewiesen. Greenpeace hat sich von Logik und Wissenschaft verabschiedet.«

Bei Pelzen, Krokoleder, Elfenbein und anderen verteufelten Naturprodukten sieht es ganz ähnlich aus. Bevor 1989 das internationale Handelsverbot für Elfenbein in Kraft trat, finanzierten manche Länder des südlichen Afrika den staatlichen Naturschutz mit den Einnahmen aus dem Elfenbeinhandel. Sie schossen ihre Elefanten – in vertretbarem Umfang – ganz legal ab, verkauften ihre Stoßzähne und hatten kaum Probleme mit Wilderern.

Bezeichnenderweise kam es zur heftigsten Elefantenwilderei in Kenia, dem Musterland der Tierfreunde. Dort hatte die Morallobby aus Europa und USA erreicht, daß die Großwildjagd grundsätzlich verboten wurde. In Botswana und anderen Elfenbeinexportländern wurden die Elefanten dagegen immer zahlreicher, weil man sie als wertvolle wirtschaftliche Ressource gut beschützte. Diese Staaten verkauften einen Teil ihrer Elefanten an Großwildjäger und gewannen zusätzlich erhebliche Mengen Elfenbein bei kontrollierten Abschüssen durch Wildhüter. Dies alles wurde durch das hoch moralische – und von Tierfreunden in USA und Europa gefeierte – Handelsverbot unterbunden. Ein weiterer Sieg fehlgeleiteter Emotionen über die ökonomische und ökologische Vernunft.

»Der wichtigste Grund für den Verlust an Biodiversität und Arten«, schreibt der Umweltökonom Mike Norton-Griffiths vom Londoner CSERGE (Centre for Social and Economic Research on Global Environment), »liegt in der Ökonomie der Landnutzung. Ungenutzte Flächen können mit genutzten nicht konkurrieren.« Deshalb raten er und andere Umweltökonomen dazu, den Handel mit Produkten aus Wildtieren und -pflanzen zu liberalisieren, damit auch Wildnisgebiete gegenüber Rinderfarmen und anderen Nutzungsformen endlich konkurrenzfähig werden. Verbote, so Norton-Griffiths, stoppen den Handel nicht, sondern treiben nur die Preise in die Höhe, wie man am internationalen Drogenhandel sieht. Um das zu veranschaulichen, vergleicht Norton-Griffiths Tiger und Rothirsche. Rohstoffe aus beiden Arten sind in der asiatischen Traditionsheilkunde sehr begehrt. Der Tiger, der nicht gehandelt werden darf, bewegt sich seit Jahren am Rande der Ausrottung, weil er überall gewildert wird. Rothirschprodukte dürfen gehandelt werden. Und deshalb gibt es mehr als zwei Millionen Rothirsche auf der Welt, die teils in der Wildnis legal (und damit kontrolliert) gejagt werden und teils in Farmen gezüchtet. Sie waren nie von Ausrottung bedroht und vermehren sich in einigen Regionen wie Ungeziefer.

Doch in Nordamerika und Westeuropa werden Naturprodukte – besonders solche, die aus Tieren hergestellt werden – mit moralischen Argumenten vom Markt verdrängt. Zu den letzten Abenteuern in deutschen Fußgängerzonen gehört es, Samstag morgens im Pelzmantel lässig am Stand der Tierschützer vorbeizuschlendern. Denn Pelzmäntel gelten als Ausdruck von Kaltherzigkeit und übler Gesinnung. Dieses Diktat der Tugend führte unter anderem dazu, daß Tierschützer jubelten, als in der Schweiz 30.000 bei der Jagd angefallene Fuchsfelle mangels Nachfrage verbrannt werden mußten.

Doch die Zeiten, als seltene Tiere um ihres Felles willen verfolgt wurden, sind längst vorbei. Die Pelzbranche befolgt seit Jahrzehnten die Artenschutzgesetze. Mäntel aus flauschigem Fell sind heute ökologisch sauber und manche sogar ein Segen für die Umwelt. Beispiel Fuchskusu: Dieses Beuteltier wurde im 19. Jahrhundert von Australien nach Neuseeland verfrachtet. Dort gefiel es den nachtaktiven Kusus so gut, daß sie sogleich damit anfingen, die grüne Insel kahlzufressen. Ende des 20. Jahrhunderts war die Plage unübersehbar geworden: Die putzigen Kletterbeutler verschlangen täglich 20.000 Tonnen Grünzeug. Wo sie einfallen, sterben die Blütenbäume Pohutukawa und Rata ab. Es ist, als würden die Eichhörnchen in Deutschland reihenweise Buchen und Eichen umlegen. Anfang der neunziger Jahre sagte Neuseelands damaliger Umweltminister: »Sie entlauben die Bäume und zerstören die Wälder. Der Handel mit ihren Fellen ist aus ökologischer Sicht absolut unbedenklich. Er trägt im Gegenteil zum Naturschutz bei.«

Noch in den achtziger Jahren lebten 100.000 neuseeländische Trapper vom Verkauf der Fuchskusu-Felle, die in Deutschland unter dem Handelsnamen »Opossum« zu Mänteln und Jacken verarbeitet wurden. Dann brach der Markt zusammen, weil Tierschützer in Europa und USA Pelz zum Tabu erklärten. Der Preis für ein Fell fiel von acht auf zwei Dollar und die Trapper suchten sich andere Jobs. Der Fuchskusubestand wuchs auf 70 Millionen an, zuviel für das Ökosystem. Pelzmäntel (und nicht nur die vom Fuchskusu) können durchaus dem Naturschutz dienen, auch wenn sie aus Eitelkeit, Prunksucht und Statusdenken gekauft werden. Dem neuseeländischen Wald sind solche Motive völlig egal.

Deutsche Fernsehzuschauer staunten nicht schlecht, als in einer arte-Reportage 1997 der russische Naturschutzexperte und Mitarbeiter des WWF (World Wide Fund for Nature) Pavel Fomenko gefragt wurde, was die Ursache für die bedrohliche Wilderei auf den Sibirischen Tiger sei. »Eure Kampagnen gegen Pelzmäntel«, antwortete der Tiger-Schützer in aller Deutlichkeit. Weil in Westeuropa niemand mehr Pelzmäntel kauft, ist ein bedeutender Wirtschaftszweig im Fernen Osten Rußlands zusammengebrochen. Nicht nur die Arbeiter auf den Pelztierfarmen wurden arbeitslos, sondern auch die Trapper in der Taiga. Sie müssen jetzt ihren Lebensunterhalt anderweitig verdienen. Und viele von ihnen – so Pavel Fomenko – wildern lieber Tiger, als zu verhungern.

Nicht nur Pelztierfänger können dem Naturschutz dienen. Es gibt noch viel mehr Bösewichter, die ökologisch handeln, ohne es zu wissen, wenn sie von schlauen Umweltökonomen in die richtigen Bahnen gelenkt werden. Das schönste Beispiel für das Mephisto-Prinzip im Naturschutz erbringt eine berüchtigte Brut von Brutaltouristen, die um den Globus jetten, um ihre niedrigsten Instinkte zu befriedigen. Zumeist handelt es sich um alte, weiße Männer, die sich gern so anziehen, als wäre Afrika noch in den Händen von Lettow-Vorbeck. Kaltblütig ballern sie auf Jumbo, Bambi und Simba. Doch – ganz im Gegensatz zu ihrem katastrophalen Image – sind Großwildjäger für viele Wildnisgebiete in Afrika eine unverzichtbare Einnahmequelle geworden.

In einigen Regionen des südlichen Afrika, wo die Landbevölkerung Elefanten und Büffel früher als Ernteschädlinge bekämpfte, dürfen die Bauern heutzutage einen Teil der Wildtiere im Dorfumkreis an ausländische Jäger verkaufen. Und weil die Schädlinge von einst dadurch zu wandelnden Wertanlagen mutierten, werden sie plötzlich beschützt und gehegt. Mehr Großwild bedeutet mehr Geld. Eine einfache Rechnung, die mehr Gutes bewirkte als alle schwer bewaffneten Wildhüter und frommen ökologischen Appelle in der Vergangenheit. Artenschutz durch Eigennutz: In den achtziger Jahren wurde diese perfide Idee erstmals in Simbabwe ausprobiert. Sie erwies sich als die beste Idee seit der Erfindung des Nationalparks.

Ein gut betuchter Deutscher, der in Botswana einen Elefanten erlegen will, muß dafür eine vierzehntägige Safari buchen, die ihn inklusive Abschußgebühr und staatlicher Lizenz mindestens 60.000 Mark kostet. Ein Teil dieses Geldes wird in Naturreservate investiert. So finanziert der tote Elefant den Schutz seiner lebendigen Verwandtschaft. Ein Expertenteam für Ökotourismus der Humboldt-Universität Berlin formulierte nach sorgfältiger Prüfung einen Freispruch erster Klasse: »Jagdtourismus mag elitär sein und Naturschützern nicht behagen, erfüllt jedoch die Kriterien des Ökotourismus.«

In Namibia wird der Artenschutz bereits seit den sechziger Jahren mit kapitalistischen Mitteln betrieben. 1967 gingen die Besitzrechte an Wildtieren auf die privaten Landbesitzer über. Zuvor hatten die Farmer das Wild ausgemerzt, wo sie nur konnten.

Antilopen und Zebras schossen sie als Futterkonkurrenten ihrer Rinder ab. Raubtiere wurden als potentielle Viehräuber mit Giftködern, Fallen und Flinten verfolgt. Solange, bis die Privatisierung eine völlige Umkehr einläutete. Statt mühsam dem Wüstenklima ein paar dürftige Steaks abzutrotzen, sattelten mehr und mehr Landwirte auf das lukrativere Jagdgeschäft um. Sie schlachteten ihre mageren Rinder und legten Jagdfarmen an. Der Erfolg: Zwischen 1972 und 1992 stieg der Wildbestand auf privatem Farmland um 70 Prozent an. Im gleichen Zeitraum nahm die Artenvielfalt der größeren Wildsäugetiere um 40 Prozent zu. Über 90 Prozent des Großwildes in Namibia lebt zu Beginn des 21. Jahrhunderts auf privatem Land, das einen Anteil von 44 Prozent an der Staatsfläche hat.

Nicht nur weltenbummelnde Jäger sind zu sprudelnden Geldquellen für den Artenerhalt geworden. Auch der gemeine Pauschaltourist erwies sich als Segen für den internationalen Naturschutz. Dabei hat wohl kaum jemand so eine schlechte Presse, wie jene Menschen, die in kurzen Hosen und Tennissocken Charterflugzeugen entsteigen. »Der Einfall touristischer Horden«, klagte der Schöngeist André Heller, »führt zur Ausrottung des Schönen.« Im blindwütigen Urlaubsrausch – so das Klischee der gutbürgerlichen Bildungsreisenden – treiben die mobilen Massen unsere Erde in den Umweltkollaps. Die Abscheu vor dem Massentourismus weckte immer wieder neue Bestrafungsphantasien der Öko-Elite. So machte eine grüne Abgeordnete 1998 von sich reden, weil sie den Deutschen die Zahl ihrer Flugreisen fürsorglich beschränken wollte. Ihr eigenes Fernflugkonto war zwar auch recht stattlich, doch sie reiste stets, um auf internationalen Kongressen die Weltrettung voranzutreiben.

Kratzt man an der Tourismuskritik, bleibt nichts übrig als ein paar unästhetische Fotos von rotgebrannten Fettbergen an spanischen Stränden und skizerfurchten Berghängen in den Alpen. Diese häßlichen Randerscheinungen der Reiselust verstellen jedoch den Blick auf den historischen Verdienst des Massentourismus. Das wird am besten an einer Zahl deutlich: 12.413 Nationalparks und andere großer Naturreservate mit über zehn Quadratkilometer Fläche existieren zu Beginn des 21. Jahrhunderts auf der Welt. Der Weltpark Antarktis (der einen kompletten Kontinent umfaßt) und die vielen kleineren Naturschutzgebiete sind dabei nicht einmal mitgerechnet.

Noch mal, weil es so schön ist: Im 20. Jahrhundert stieg die Zahl der Großschutzgebiete von unter zehn auf über 12.000. Und warum? Weil der Massentourismus erfunden wurde. »Der Schutz der biologischen Vielfalt«, heißt es in einer Broschüre der GTZ (Gesellschaft für Technische Zusammenarbeit), »wäre ohne die Einnahmen aus dem Fremdenverkehr nicht zu finanzieren.« Ausgerechnet die Fernreisenden, die angeblich das Weltklima ruinieren, um ihre schlechten Manieren auch in Mombasa zu verbreiten, sind die Umweltengel unserer Zeit.

Ohne zahlende Urlaubsgäste hätten Gorillas in Ruanda und Nashörner in Namibia keine Überlebenschance. Seit Lieschen Müller ihre Zootiere auch in ihrer natürlichen Umgebung besuchen will, nahmen die Wildbestände überall dort rasant zu, wo genügend Urlaubsflieger landen können. Selbst auf den Balearen, dem Hinterland von »Ballermann 6«, stehen 39,7 Prozent der Landesfläche unter Naturschutz. »Kein anderes globales Gewerbe«, sagt der Münchner Fremdenverkehrsberater Peter Zimmer, »ist so stark von sauberem Wasser, reiner Luft und intakter Natur abhängig.«

Zwei Billionen Dollar werden im Weltmarkt des Tourismus erwirtschaftet. Allein für Naturreisen in Tropenländer geben Urlauber jährlich 18 Milliarden Mark aus. Jeder fünfte Arbeitsplatz auf dem Globus hängt am Fremdenverkehr. Diese ökologisch überaus effizienten Überlegungen machen sich zunehmend die Urlaubsländer selbst zu eigen. So rechnete der maledivische Staatspräsident seinen Landsleuten vor, daß Haie weitaus mehr

Geld einbringen, wenn man sie als Attraktion für Tauchtouristen leben läßt, statt ihre Filets für eine Handvoll Münzen auf dem Fischmarkt zu verkaufen.

Professionelle Naturschützer, die ein wenig länger nachdenken als Stammtisch-Ökos, haben die Neckermann-Geschwader in ihr Herz geschlossen. »Wer Massentourismus und Naturzerstörung gleichsetzt, denkt ökologisch viel zu kurz«, sagte der langjährige Leiter des Nationalparks im Bayerischen Wald, Hans Bibelriether. »Der Tourismus ist unser Verbündeter.«

Selbst die alte, eingängige These vom Tourismusgewerbe als »Landschaftsfresser« (Jost Krippendorf) gerät bei näherer Betrachtung ins Wanken. Eine Studie der Universität Innsbruck über das touristisch intensiv genutzte Ötztal kommt zu dem Schluß: »Der Flächenanspruch des modernen Tourismus ist wesentlich geringer als der der traditionellen Landwirtschaft. Gegenwärtig nimmt die Waldfläche im Tal zu und der wirtschaftlich genutzte Flächenanteil ab.«

Die Alternative zum Tourismus heißt längst nicht mehr unberührte Wildnis. Das Fremdenverkehrsgewerbe steht heute in harter Konkurrenz zu anderen Nutzungsformen. In Entwicklungsländern bedeutet weniger Tourismus mehr Brandrodung, mehr Rinderzucht und mehr Plantagen. Nur wo ein Schutzschild aus touristischer Infrastruktur aufgebaut werden kann, bleibt die naturfressende Landwirtschaft außen vor. Wenn Touristen weniger einbrächten als Bananen, könnte es sich die Regierung Costa Ricas kaum leisten, ein Viertel der Landesfläche unter Naturschutz zu stellen. Wer zahlt, bestimmt die Musik. Und wenn der Zahlmeister am liebsten die Klänge der Wildnis hört, dann dürfen die Elefanten eben weiterhin trompeten. So scheiterte in den neunziger Jahren ein Vorhaben, den Okawango-Sümpfen in Botswana wertvolles Wasser abzuzapfen, weil die Gegner des Projektes mit einer möglichen Beeinträchtigung des Tourismus argumentierten.

Viele einst bedrohte Tierarten leben heute wohl behütet unter den Fittichen der Reisebranche. Einst zogen australische Pelzjäger den Koalas zu Tausenden das Fell über die Ohren. Heute bringen die trägen Beutelbären lebendig viel mehr Geld ein. Eine Umfrage der Universität Queensland ergab, daß Koalas die erklärten Lieblinge der Australien-Touristen sind. Reiselustige Tierfreunde kaufen jährlich Koala-Plüschtiere im Wert von 1,3 Milliarden Mark. Mehr als 5,4 Millionen Menschen haben 1994 dafür bezahlt, Wale beobachten zu dürfen. Weltweit 65 Länder bieten inzwischen Fahrten zu den Meeresriesen an. Das Tourismusgeschäft ist längst lukrativer als die Jagd mit der Harpune.

Dabei ist das ökonomische Potential der mobilen TUI-Truppen noch längst nicht ausgeschöpft. In vielen Ländern mit atemberaubenden Landschaften und wundervollen Wildtieren bremsen Kleptokraten und Bürokraten die wirtschaftliche Erschließung der Naturschönheiten. Wenn die Wildnisgebiete dieser Welt von Profis der Reisebranche oder besser noch der Unterhaltungsbranche vermarktet würden, müßte sich niemand mehr über bedrohte Arten Sorgen machen. Man stelle sich vor, die Walt Disney Corporation würde die Virunga-Vulkane samt Gorillas vom Staat Ruanda pachten. Die Tiere wären sicher wie in Abrahams Schoß, die Menschen hätten Jobs und ein warmer Dollarregen würde über dem Regenwald niedergehen.

Einer hatte das ökologische Potential des Tourismus schon lange vorhergesehen: Bernhard Grzimek, der legendäre Fernsehzoologe mit der knarzenden Stimme. In seiner Sendung »Ein Platz für Tiere« verkündete er in den sechziger Jahren, es gäbe schon bald organisierte Gruppenreisen zu den Wildreservaten Ostafrikas. Grzimek hatte die Meldung damals frei erfunden (siehe Kapitel *Die Gunst zu lügen*, S. 154). Doch ein paar Monate später gab es solche Touren wirklich, denn Reiseveranstalter wollten ihrer vermeintlichen Konkurrenz zuvorkommen. Durch Grzimeks Lüge konnte die Serengeti weiterleben.

Kapitel 8

Leichtes Leben verdirbt die Sitten,
aber die Tugendkomödie verdirbt
den ganzen Menschen.

Theodor Fontane

Kasinokapitalismus

Ortsbesichtigung in der Zentrale

Kasinokapitalismus! Nichts in der Welt läßt uns mehr erschaudern, als diese ultimativ verschärfte Variante des Kapitalismus. Die Weltbörsen fungieren nur noch als Filialen eines gigantischen globalen Spielkasinos, in dem gewissenlose »Global Player« hemmungslos Gewinne verzocken, die sie zuvor aus den arbeitenden Massen herausgepreßt haben. Und wer an Kasinokapitalismus denkt, der hat sogleich Las Vegas im Sinn. Die größte Spielhölle der Welt ist gleichsam die symbolische Zentrale des Kasinokapitalismus.

Eigentlich sind wir deshalb mit einem festen Vorsatz in diese Stadt gefahren: sie zu hassen. Das Studium des gehobenen Schrifttums hat uns über Las Vegas aufgeklärt und mit dem Zorn des Gerechten erfüllt. Die Story lautet in etwa so: Mit dem Bau des »Flamingo«-Spielkasinos erfand der Obermafiosi »Bugsy« Siegel den niederträchtigen Geldautomaten Las Vegas.

Mit untrüglichem Gespür für gutes Timing ließ Bugsy die Spiel-Hölle an Weihnachten 1946 einweihen. Zusammen mit seinen Baseballschläger schwingenden Kumpanen und ihren Hollywood-Groupies feierte er ein rauschendes Eröffnungsfest. Eine

Einladung zu Bugsys Bescherung galt als Angebot, das man besser nicht ablehnen sollte. Seitdem werden die Erniedrigten und Beleidigten trickreich in die Spielbanken der Wüstenoase gelockt. Das willenlose Proletariat verpfändet Haus und Hof und landet auf Lebenszeit im Schuldenturm. Als Lockmittel dienen so perfide Köder wie Shrimp-Cocktails für 93 Cents und 50 Meter lange »all you can eat«-Buffets für drei Dollar.

Doch bitte keine Vorverurteilungen! Kann uns das gleiche nicht auch bei Volksbanken und Sparkassen widerfahren? Lediglich ohne Shrimps und »all you can eat«-Buffets? Eben: Die Mafia war auf ihre Art schon immer reell. Unser erster beruhigender Eindruck im Herzen der Hölle: Der Mob will unsere Kohle, aber wenigstens sollen wir nicht hungern. Es ist obendrein deutlich abwechslungsreicher, in Las Vegas ausgenommen zu werden als mit einem Immobilienfonds in Ostdeutschland. Du sollst hier keine Langeweile haben: Sobald das Publikum eine Spielbank satt hat, zögert das Management nicht, das Gebäude lustvoll hochgehen zu lassen. Die Türme der US-Kasinos werden alle paar Jahre in die Luft gejagt, was man von deutschen Geldinstituten bedauerlicherweise nicht behaupten kann. So geschah es Anfang der neunziger Jahre mit dem »Dunes«-Hotel, das im Rahmen eines großen Feuerwerks dem Erdboden gleichgemacht wurde. Das Freudenfest kam bei den Massen derart gut an, daß es richtig Mode geworden ist, mit Hilfe professioneller Dekonstrukteure abgetakelte Kasinos dem Erdboden gleichzumachen.

Der drögen deutschen Geldszene fehlt es dafür an Phantasie. Dabei hätte sie die Popularität solcher Happenings längst vor der eigenen Haustür erkennen können. Als in den siebziger Jahren das Selmi-Hochhaus im Frankfurter Bankenviertel in Flammen stand, machte sich unter der Bevölkerung eine geradezu volksfestartige Stimmung breit. Tausende strömten herbei und fieberten dem fröhlichen Moment entgegen, in dem ein riesiger glühender Baukran auf das benachbarte Polizeipräsidium stürzen würde. Zur bitteren Enttäuschung der Massen konnte dies jedoch vereitelt werden.

Doch zurück nach Las Vegas. Eine wichtige Lektion in Sachen Kasinokapitalismus lautet: Erneuerung durch kreative Zerstörung. Ehe man pleite geht, schickt man das Althergebrachte lieber höchstselbst in den Orkus. Der Sprengmeister genießt höchstes Ansehen, nicht die Feuerwehr. Immer verrücktere und prächtigere Neubauten erheben sich aus den Ruinen. Doch ist der mutwillig zur Schau gestellte Protz nicht schlichtweg asozial und unanständig? Ist es nicht grausam, wie viele Menschen von all dem Luxus ausgesperrt bleiben? Die Antwort: Nein, weil nämlich niemand ausgesperrt wird.

Der Fließbandarbeiter aus Detroit, der Kartoffelbauer aus Idaho und der Finanzbeamte aus Itzehoe lustwandeln unter den gleichen goldenen Lüstern wie Stars und Mafiabosse. Während unseres Aufenthalts haben wir in der Hölle gesichtet: James Belushi (»Mein Partner mit der kalten Schnauze«). Brav gab er am Eingang seine dampfende Davidoff ab (Nichtraucherzone!). Auch David Copperfield, Cindy Crawford, George Foreman und Barbara Streisand lustwandelten durchs Fegefeuer. Das Credo der Kasinos lautet: Jedermann willkommen, Eintritt frei, keine Kleiderordnung.

Kein Mensch scheint dort neidisch zu sein. Man sollte unbedingt im Liberace-Museum vorbeischauen: Die Boa-Kostüme und Nerzroben des verstorbenen Pianisten erfreuen das Herz jedes bekennenden Banausen. Besonders gut gefallen hat uns ein Rolls-Royce im Schlangenlederkleid. Wer selbst elegant mit einer acht Meter langen Cadillac-»Stretch«-Limousine vorfahren will: Ein Wink beim Portier und 50 Dollar machen den Traum wahr. Ein luxuriöses Zimmer gibt es schon für weniger als 30 Dollar pro Kopf – in Berlin-Mitte landet man damit schnurstracks im Obdachlosenasyl. Womit wir bei einer weiteren Lektion wären:

Nirgendwo auf der Welt sind die Insignien des Reichtums und der Macht so demokratisiert wie in Las Vegas.

Die gnadenlose Konkurrenz der Spielhöllen um die Gunst des Publikums führt direkt in den Verbraucherhimmel. Hotels, Mahlzeiten, Flüge und Shows sind nirgendwo in Amerika günstiger als hier. Die Wüstenstadt ist die Schnäppchen-Metropole der USA, hier gibt es den »bang for your buck«. Viele der Attraktionen sind sogar gänzlich umsonst, doch dazu später. Die klassenlose Gesellschaft hat sich in Las Vegas zwar nur auf Zeit, dafür aber auf höchstem Niveau verwirklicht. Idealistische Arbeiter- und Bauern-Paradiese funktionierten ebenfalls nur zeitweise, dies allerdings stets auf niedrigstem Niveau. Dann lieber Las Vegas.

Weit über 30 Millionen amerikanische und ausländische Las-Vegas-Besucher pro Jahr empfinden das unbekümmert genauso – und kommen immer wieder. Von den zehn größten Hotels der Welt, stehen demnächst zehn in Las Vegas (wenn das neue »Venetien« fertiggestellt ist). 10.000 Gäste finden allein im MGM-Grandhotel, der größten Herberge der Welt, ein Bett. Die sozialen Revolutionäre aller Epochen würden sich angesichts dieser ebenso gigantischen wie komfortablen Erholungsstätten für die Werktätigen die Augen reiben. Mephisto hat in Nevada ganze Arbeit geleistet.

Was die Konkurrenz nicht ruhen läßt. »Die Stadt (Las Vegas) ist ... ein gigantisch dekorierter Geldautomat in einer weißglänzenden, utopisch leuchtenden Wüstenlandschaft«, schreibt der Berliner Stadtplaner Dieter Hoffmann-Axthelm, »... wo Unmassen freier Bürger in einer Szenerie suggestiver Irrealität einmal im Jahr das Gegenteil ihrer puritanischen Arbeitsexistenz spielen, den eigentlichen Nationalmythos des alles dransetzenden einsamen Verlierers.« Wie schön, daß es Alternativen gibt. Dieter Hoffmann-Axthelm beispielsweise hat mit einem Beitrag in der »Berliner Zeitung« für Furore gesorgt, der den prägnanten Titel trug: »Ein Plädoyer für den Container als krisensicheren Stadtbaustein der Zukunft«. Aber bevor wir heimkehren in die krisensichere Beschaulichkeit der Multibox wollen wir noch ein bißchen Spaß in Las Vegas haben.

Beim ersten Selbstversuch ist uns noch ganz mulmig. Die Auffahrt zum »Caesar's Palace« hat die Dimension und Dynamik einer Mautstelle der Brenner-Autobahn. Hinauf in die Lobby führen breite Stufen aus Marmor. Vergoldete Geländer strahlen im Schein des Flutlichts. Wasserfontänen schießen aus olympiareifen Becken. Römische Statuen schauen von weißen Säulen und Sockeln. Musik aus Gladiatorenfilmen erklingt. Hinter uns hupt es schon. Dürfen wir da wirklich rein? Oder sind wir aus Versehen in die Vorfahrt zur Oscar-Preisverleihung geraten? Ein livrierter Diener reißt den Anschlag unseres kleinen Chevrolets auf, als sei es ein Rolls-Royce. Ganz ohne Herablassung gibt er uns einen Zettel mit einer Nummer. Die sollen wir vorzeigen, wenn wir das Auto wiederhaben wollen. Er bemerkt unseren unsicheren Auftritt und bedeutet uns, alles sei o. k. Dann salutiert er und fährt davon. Das Ganze heißt »Valet Parking«. Gegen ein Trinkgeld (das Parken selbst ist kostenlos) bringt der junge Mann das Auto in ein Parkhaus und holt es später wieder ab.

Ist das nicht menschenverachtend? Dieser bedauernswerte Billiglöhner wird also von einem zynischen Management in eine erniedrigende Dieneruniform gesteckt und als Laufbursche mißbraucht! Endlich haben wir einen der Mühsamen und Beladenen entdeckt, einen echten Verlierer! So zeigt sich das wahre Gesicht der Hölle. Doch gemach: Es gibt Schlimmeres. Beispielsweise zu Hause in Deutschland. Denn auch dort warten mies bezahlte und obendrein meist weibliche Billiglöhner auf die Autofahrer. Auch sie werden in Uniformen gepreßt – und zu allem Überfluß auch noch vom Volk beschimpft und verspottet. Wir nennen sie Politessen.

Während die amerikanischen Laufburschen die Aufgabe haben, der Kundschaft das Parken zu erleichtern, haben die deutschen Laufmädels die Aufgabe, der Kundschaft das Parken zu erschweren. Während die Amerikaner sich über reichlich Trinkgeld freuen, haben die Deutschen nichts zu lachen. Je fleißiger sie sind, desto mehr Volkszorn ziehen sie auf sich. Dies mag den grundsätzlichen Unterschied zwischen einer Dienstleistungsgesellschaft und einem Obrigkeitsstaat erhellen. Las Vegas, du machst es besser.

Vielleicht sollte man nicht nur über gut- und schlechtbezahlte Jobs nachdenken, sondern auch über freundliche und unfreundliche. Jeden Monat gewinnt Las Vegas 6000 neue Einwohner hinzu, weil der böse Kasinokapitalismus eine echte Jobmaschine ist. In Las Vegas gibt es praktisch keine Arbeitslosen, und das Wirtschaftswachstum liegt bei 8,5 Prozent im Jahr – mehr als in jeder anderen Region der westlichen Welt. Allein durch die Eröffnung des Luxor-Spielkasinos wurden 18.000 neue Arbeitsplätze geschaffen. Die Neuankömmlinge schätzen an Las Vegas niedrige Steuern und funktionierende Schulen. Sogar eine alte Gewerkschaftsforderung wird völlig unideologisch umgesetzt: Job-Sharing. Jeweils drei Werktätige teilen sich den gleichen Arbeitsplatz – weil Las Vegas 24 Stunden geöffnet ist.

Die Automaten im Foyer von Caesar's Palace klingeln, piepsen und rasseln 365 Tage im Jahr ohne Unterbrechung. In der Stadt sind weit über 100.000 Slot-Machines registriert. Sie machen ein Getöse wie ein Crash-Test mit einem Lastwagen voller Kuckucksuhren. Sonst gibt's eigentlich nichts zu meckern: Kein Mensch animiert uns zu irgendwas, auch nicht zum Spielen. Wer 50 oder 100 Dollar am einarmigen Banditen oder beim Blackjack verzockt, sollte das sportlich sehen. Man sieht seinen Einsatz in der Regel nicht wieder. Dies eint das System Las Vegas mit dem deutschen Rentensystem.

Wer will, kann daher auch nur saufen oder sich durchs Buffet baggern. Oder er kann kostenlos umherspazieren und sich wundern. Sich wundern ist ja eine angenehme Freizeitbeschäftigung, und in Las Vegas gibt es reichlich Gelegenheit dazu. Die hübsche Serviererin im Spielbank-Restaurant strahlt uns beispielsweise an, als seien wir Leonardo DiCaprio. Zu Hause in München sehen sie uns immer an, als seien wir die Titanic und brächten den Seniorenteller.

Wir fangen echt an, uns in den Fängen der Mafia wohlzufühlen. Viele Besucher kommen überhaupt nicht zum Spielen, weil es überall umsonst was zu sehen gibt: Vor dem »Treasure Island«-Hotel wird in einer künstlichen Bucht alle 20 Minuten die Seeschlacht aus dem Buch »Die Schatzinsel« zwischen der »Hispaniola« und einer britischen Fregatte aufgeführt: Wellengang, Kanonenfeuer und brechende Masten inbegriffen. Im »Excalibur«, einer gekonnten Mischung aus Stasi-Zentrale und mittelalterlicher Burg, bestreiten König Arthur und seine Mannen wilde Schwert-Fechtereien. Vor dem »Mirage« bricht mehrmals täglich ein künstlicher Vulkan aus. Auf der Flucht vor den Lavamassen gerät der Besucher im Inneren des Vulkans in eine friedliche Südsee-Landschaft samt Vogelstimmen und aromatisierter Hawaiiluft. Echte Haie schwimmen Scheinangriffe und im Foyer dösen die weißen Tiger von Siegfried und Roy. Durch eine haushohe Sphinx gelangt man in die 800.000 Quadratmeter große schwarze Pyramide des Luxor-Hotelkasinos. Vom »Venetien« grüßt der Campanile herüber, zu dessen Füßen führt die originalgetreu nachgebaute Seufzerbrücke über einen Canale Grande.

In Caesar's Palace treffen wir hingegen lauter alte Bekannte aus Rom. Schon am Eingang begrüßen uns vier mit Blattgold überzogene Pferde und ein Wagenlenker, der sogar japanisch spricht. Michelangelos David ist auch schon da und die »Fontana di Festival« wird alle 20 Minuten von einem künstlichen Gewitter heimgesucht. Sogar das Guggenheim Museum will im »Venetien« eine Filiale eröffnen.

Unter einem täuschend echten, aber künstlichen Himmel, der mediterrane Abendstimmung verbreitet, lustwandeln wir in Caesar's »Forum«. Das Kasino illuminiert rund um die Uhr den stimmungsvollen Abendhimmel und beschränkt sich mithin pausenlos auf die angenehmste Stunde des Tages. Von der Idee her erinnert uns das an einen 24-Stunden-Orgasmus. Muß furchtbar sein, aber wir würden die Bürde gern auf uns nehmen. Es gibt natürlich auch andere Meinungen: »Michelangelo würde sich augenblicklich den Meißel durchs Hirn schlagen, wenn er all der replizierten Deckenfresken und Marmor-Gestalten gewahr würde«, bemerkt das »Manager-Magazin« in einem Bericht über den »achten Himmel«. Wir vermuten jedoch, Michelangelo würde etwas ganz anderes tun, nämlich fasziniert den nächsten einarmigen Banditen ansteuern.

Las Vegas ist zeitlos, Uhren fehlen völlig, Telefone sind nur schwer zu finden. Überhaupt werden störende Einflüsse im Erlebnisparadies rücksichtsvoll ausgeblendet, beispielsweise der Nachrichtensender CNN aus den meisten Hotelfernsehern. Sollte jemand die verständliche Absicht haben, den Dritten Weltkrieg unter stimmungsvollem Abendhimmel zu verdämmern, dann ist er hier goldrichtig. Kulturpessimisten finden diesen Realitätsverlust natürlich ganz arg schlimm. Sie ziehen sich lieber schmollend in ein einsames irisches Landhaus zurück (wo es plötzlich ganz toll ist, ohne Uhr, Telefon und CNN auszukommen).

Europäer pflegen Las Vegas gerne mit dem Gestus der kulturellen Überlegenheit zu begegnen und die wundersamen Attraktionen abwechselnd amüsant oder bedenklich zu finden: Budenzauber, Kunstwelt, Potemkinsches Dorf! Sie vergessen dabei, daß auch Rothenburg ob der Tauber nicht mehr ganz echt ist. Der Weihnachtsmarkt dort an 365 Tagen im Jahr läßt jedenfalls gewisse Zweifel aufkommen. Der Schriftsteller Hunter S. Thompson ist zwar kein Europäer, sondern lebt in New York (für die

Bewohner von Las Vegas liegt beides aber gleichermaßen hinterm Mond). Also Hunter S. Thompson erkennt in Las Vegas entschlossen das »sechste Reich«. Und der Pariser Philosoph Baudrillard bezeichnet es als einen »Vernichtungsort der Phantasie«, nicht weil sie hier zerstört würde, »sondern weil sie verwirklicht worden ist«. Ansonsten ist er beleidigt: »Die Massen wollten auch die Französische Revolution nicht, sie wollten nur das Spektakel der Revolution. Sie haben nämlich nur eine Leidenschaft, die Illusion.« Der Herr Philosoph könnte natürlich auch gleich sagen: Die Menschheit ist blöd. Gerettet werden kann sie offensichtlich nur von einem durch höhere Moral Erleuchteten, beispielsweise Herrn Baudrillard. Also, cher ami: Dann lieber die Mafia.

Die Erbauer von Las Vegas nehmen französische Philosophen nicht besonders ernst und sagen: Alles nur Neid. Sie verweisen beispielsweise auf den renommierten Architektur-Professor Robert Venturi von der Yale-Universität. Der vertritt in seinem Bestseller »Von Las Vegas lernen« die weitgehend akzeptierte These, daß in Las Vegas mit seinen Türmchen und Bögen, seinen Erkern und Kuppeln die postmoderne Architektur erfunden wurde. »Eine Analyse der Formen von Las Vegas ist für die Stadtplaner und Architekten heute genauso wichtig wie vormals das Studium der Werke des mittelalterlichen Europa, des antiken Rom und Griechenlands für die früheren Generationen«, schreibt Venturi und fährt fort: »Auch die Methoden der kommerziellen Verführung und die Skyline der Reklamezeichen können den Zielen individueller und kultureller Bereicherung dienstbar gemacht werden.« Womit das Mephisto-Prinzip für die Architektur formuliert wäre.

Wir möchten das nicht weiter vertiefen und nur noch kurz den Schriftsteller Max Goldt zitieren. Der schrieb in der »Titanic«: »Las Vegas ist nichts für Italiener und Faltenwurf-Fans, aber ein audiovisueller Schleckspaß für Leute, die bereit sind, sich ihre von jahrzehntelangen Blicken auf Gebäude in vermeintlicher oder echter Bauhaus-Nachfolge sowie auf karg dekorierte Theaterbühnen ergrauten Augen lustvoll rotzureiben.«

»Das Image von Las Vegas wandelt sich von einem Spielplatz für Erwachsene«, so schreibt das örtliche Touristenbüro, »zu einer Traum- und Phantasiewelt für die ganze Familie.« Viele kommen sogar, um in Las Vegas eine Familie zu gründen. Rund 100.000 Ehen werden hier pro Jahr geschlossen. Personen über 18 Jahre benötigen lediglich einen Reisepaß.

Die »Little White Chapel« am Strip hat für besonders Eilige sogar einen Drive-In-Schalter. Die Paare müssen sich genau wie bei uns gegenseitige Treue geloben, dürfen aber angeschnallt bleiben. Das Pokerspiel zwischen dem lieben Gott und dem Teufel ist in Las Vegas keineswegs entschieden. Man könnte sogar sagen, daß der Teufel dem lieben Gott auf die Sprünge hilft: Über 500 Kirchen und Synagogen markieren im Verhältnis zur Einwohnerzahl beinahe amerikanischen Rekord.

Achtzehnjährige dürfen in Las Vegas zwar heiraten, doch eines dürfen sie auf keinen Fall: spielen. Personen unter 21 Jahren ist der Aufenthalt in den Glückspielbereichen der Kasinos strikt verboten. Anders als in deutschen Spielhallen wird das Verbot auch durchgesetzt. Und nicht nur das. Hinter Spiegeln versteckte Kameraaugen und zahllose Wachmänner und Hoteldetektive passen auf alles auf und bewachen die Kundschaft. Auch dies natürlich aus niedrigsten Motiven: Sie wollen dein Geld im Kasino, und deshalb sorgen sie dafür, daß dir keiner die Handtasche klaut. Rom oder Florenz sind gegen Caesar's Palace die reine Hölle.

Teil 2
Mephisto zum Selbermachen

Kapitel 9

Das Kollektiv liegt schief.

Wolf Biermann

Ich, ich, ich

Liebe deinen Egoismus wie dich selbst

Fröstelnd vor Einsamkeit irren verstörte Einzelwesen durch eine unbehagliche Welt. So lautete zum Jahrhundertbeginn die gängige Gesellschaftsdiagnose besorgter Feuilletonisten. Wer unter vierzig ist wird ohnehin der »Ich-Generation« zugeteilt, die mit Hornhaut auf den Ellbogen dem Geld hinterherjagt, um es auf den Partys der oberflächlichen Spaßgesellschaft wieder zu verpulvern. Es droht die totale Individualisierung, eine trostlose Singlewelt ichbezogener »Elementarteilchen« (so der Bestseller-Titel des Franzosen Michel Houellebecq). Bei näherem Hinhören jedoch klingt das modische Lied von der emotionalen Eiszeit wie das Remake einer alten Weise: die Entfremdung des Menschen im Kapitalismus. Dieser intellektuelle Evergreen wurde schon in existentialistischen Jazzkellern frei interpretiert und in den Szenekneipen der ehemals Neuen Linken.

Die Elementarteilchen-Theorie nährt sich mehr von intellektuellen Fiktionen als von gesellschaftlichen Fakten. Die Scheidungsrate steigt, aber die Wiederverheiratungsrate und die Zahl der Dauerpaare ohne Trauschein ebenso. Selbst männliche Homosexuelle (die promiskuitivste Gruppe der Gesellschaft) wollen massenhaft in den Ehestand treten. Das spricht nicht gerade für einen bindungsfeindlichen Zeitgeist.

Soziologische Erhebungen in den USA konnten die These vom Ende des Gemeinsinn nicht erhärten. Zwar verlieren dort traditionelle Kameradschaften wie die Pfadfinder an Boden, aber Umweltgruppen und Fußballvereine verzeichnen Zulauf. Gleichzeitig engagieren sich immer mehr Amerikaner in der freiwilligen Sozialarbeit. Die These vom Rückzug ins Private, so das Fazit der Studien, ist falsch, aber populär. Denn sie gefällt vielen Linken, die nach mehr Staat rufen, ebenso wie Rechten, die der alten Volksgemeinschaft nachtrauern.

Auch in Deutschland erblüht der organisierte Gemeinschaftsgeist überaus üppig. Ende der neunziger Jahre waren 1,3 Millionen Menschen in Deutschland professionelle Vereinsmeier: 3,7 Prozent der gesamten arbeitenden Bevölkerung. Tag für Tag tragen sie die Botschaft von Roy Black ins Volk: Du bist nicht allein. Außer diesen Hauptberuflichen sorgen noch etwa zwölf Millionen Ehrenamtliche in 240.000 Verbänden und Vereinen für zwischenmenschliche Wärme. Dazu kommen die Heerscharen der Kirchen, Sekten, Parteien und zahllosen informellen Zirkel, die nirgends eingetragen sind. Ob Kegeln, Mambo oder Gruppensex, für jeden Geschmack gibt es kuschelige Kollektive, die gern Einsame einsammeln. Sollte irgendwem plötzlich der Lebenssinn entfallen oder der Lebenspartner entlaufen sein, der Jodelkurs und der Philosophiestammtisch warten schon auf ihn.

Das Lamento der Kulturpessimisten und die frohgemuten Offerten der Gemeinschaftsgeister verkünden zwischen den Zeilen die gleiche Botschaft: Sei kein Egoist! Tu den Schritt vom Ich zum Wir, und du wirst ein besserer Mensch.

Stimmt das überhaupt? Ist es wirklich die Eigensucht, die das Böse hervorbringt? Ein paar mephistophelische Zweifel sind da durchaus angebracht. Die schrecklichsten Untaten der Menschheitsgeschichte wurden schließlich von begeisterten und selbstlosen Kollektiven begangen. Im Krieg wird als erstes der Individualismus zerstört, dann der böse Feind. Religiöse, rassische oder politische Verfolgung geht stets von Gemeinschaften aus, die andere Gemeinschaften oder gar gemeinschaftsskeptische Individuen vernichten oder mit Gewalt bekehren wollen. Familie ist schön, Freundschaft etwas Wunderbares, Gemeindeleben kann erbaulich sein. Aber es sind keine Werte an sich. Eine Familie, in der Gewalt regiert, ein Freundeskreis aus aggressiven Dumpfbacken oder eine Gemeinde, die Haß predigt, werden nicht dadurch besser, daß sie wie Pech und Schwefel zusammenhalten.

Egoisten dagegen sind oft friedfertige Menschen. Denn es ist schwer, einen Nutzen aus anderen zu ziehen, wenn man sie vorher totschlägt. Ob schwarz oder weiß, Jude oder Moslem, Türke oder Thailänder: Ein wackerer Egoist übervorteilt jeden, unbesehen von Hautfarbe oder Religion. Egoisten wollen keine Opfer bringen für Volk, Vaterland, Kaiser oder Klasse, nicht einmal für die Zukunft. Sie wollen Gold und Edelsteine, Lust und Laster jetzt gleich. Sie ahnen, daß die Prediger des Altruismus, die lauthals Opfermut fordern, in der Regel lieber andere als sich selbst opfern.

Bekennende Egoisten sind eine dauernde Provokation für alle Ideologen und Utopisten dieser Welt. Ihre bloße Existenz relativiert die Wichtigkeit des großen Ganzen und holt den erhabenen Blick vom Himmel auf die Erde zurück. Mit Egoisten ist kein Staat zu machen. »Das seltene, offene Bekenntnis zum Egoismus«, so Richard Herzinger, »wirkt wie das Fanal einer verbotenen Freiheit. Der redundante und larmoyante Ruf nach der Gemeinschaft ist darauf angelegt, den einzelnen Angst vor der Freiheit einzujagen.«

Egoisten können – Glanzlicht des Mephisto-Prinzips – sozialen Fortschritt bewirken und sogar durchaus revolutionär sein. Als Menschen, die ihr persönliches Glück grundsätzlich über höhere Werte stellen, sind sie ein Risiko für alle geschlossenen

Weltbeglückungssysteme. Ein Egoist wird bei jeder sich bietenden Gelegenheit zum Deserteur, weil er nicht im geringsten einsieht, den geliebten eigenen Kopf für hehre Ziele hinzuhalten. Die meisten Flüchtlinge aus der DDR waren keine Freiheitshelden, sondern Leute, die lieber einen eigenen Handwerksbetrieb in Hessen gründen wollten, als weiterhin in einem Erfurter Kombinat auf Ersatzteile zu warten. Die Erfolgsgeschichten klassischer Einwanderungsländer wurden von Tausenden Egoisten geschrieben, die dem Mief und der Enge ihrer Heimatstaaten entflohen, um möglichst schnell möglichst viele Dollars in die eigene Tasche zu wirtschaften.

Der kulturelle Umbruch, den die westlichen Gesellschaften Ende der sechziger Jahre des vergangenen Jahrhunderts erlebten, wurde – entgegen dem Mythos – nicht so sehr von linken Kollektivisten an den Universitäten ausgelöst. Ihr romantisch verbrämter Marxismus war nur ein akademisches Kostümfest mit Masken aus den zwanziger Jahren. Es waren die radikal individualistischen Hippies, die die wahre Kulturrevolution auslösten. Ihre egomane Suche nach Sex, Drogen und Rock 'n' Roll schlug die Breschen auf dem Weg zu mehr Freiheit, Toleranz und Vielfalt.

In seinem überaus lesenswerten Buch »Die Tyrannei des Gemeinsinns« beschreibt Richard Herzinger ein Musterbeispiel dafür, wie massiver Egoismus die Welt zum Besseren verändern kann. Es waren nicht die Dissidenten und Bürgerrechtler, die dem stalinistischen Mauersystem den endgültigen Todesstoß versetzten, sondern DDR-Bürger auf der Suche nach dem privaten Glück. Sie brachen nach Ungarn auf, um sich von dort aus in den Westen durchzuschlagen. »Die Botschaftsbesetzer in Prag und die Flüchtlingslagerer von Budapest«, schreibt Herzinger, »hatten ihrer eigenen Regierung, den Meisterdiplomaten der westlichen Welt und den unverdrossenen Reformatoren des sozialistischen Lagers nur eins zu sagen: ›Macht was ihr wollt, aber nicht mehr mit uns.‹ Ihr panikartig anmutendes Davonlaufen wurde von dem einzigen Gedanken ausgelöst, daß das Leben kurz ist und die Hoffnung auf eine Existenz in Freiheit nicht einen einzigen Tag mehr verschoben werden dürfe.« Bei den westlichen und östlichen Intellektuellen kam diese egoistische Massenbewegung gar nicht gut an. Christa Wolf, Günter Grass, Stefan Heym und Co. waren so richtig sauer aufs Volk und lasen ihm die Leviten. Noch einmal Herzinger: »Die Helden des Fersengeldes blieben, wie alle ihre Brüder und Schwestern im Egoismus zu allen Zeiten, von den Berufsmoralisten unbelobigt.«

Jeder Mensch endet in sich selbst, sagt die Denkschule des Objektivismus, die von der US-amerikanischen Schriftstellerin Ayn Rand gegründet wurde. Er sollte sich selbst zuliebe leben und sich weder für andere opfern noch andere für sich opfern. Ayn Rands Philosophie des Egoismus definiert sogar die Liebe als egoistischen Akt. Man liebt einen Menschen, weil er das eigene Leben bereichert und ein Quell der Freude ist. Die Zuneigung entsteht aus dem Glücksgefühl, das man aus dem Umgang mit dem Geliebten bezieht. Das hört sich zwar etwas unterkühlt theoretisch an, beschreibt aber die reale Ökonomie der Liebe ganz treffend.

Die egoistischen Wurzeln der Liebe mögen romantische Geister befremdlich finden, die egoistischen Wurzeln der kapitalistischen Wirtschaft dagegen leuchten jedem sofort ein. Ayn Rand empfahl, den Charakter eines Menschen an seiner Liebe zum Geld zu messen: »Wenn einer das Geld verdammt, dann hat er es auf unehrenhafte Weise erworben; wenn er es ehrt, dann hat er es verdient. Wer das Geld liebt, der weiß und anerkennt, daß es die Schöpfung der besten Kräfte in einem selbst ist, der Schlüssel, um deren Früchte mit dem Besten anderer Menschen zu tauschen.« Das liest sich wie eine poetische Fassung des wohl berühmtesten Zitates von Adam Smith: »Nicht vom Wohlwollen des Metzgers, Bauern oder Bäckers erwarten wir das, was wir zum Essen brauchen, sondern davon, daß sie ihre eigenen Interessen wahrnehmen. Wir wenden uns nicht an ihre Menschen-, sondern an ihre Eigenliebe, und wir erwähnen nicht die eigenen Bedürfnisse, sondern sprechen von ihrem Vorteil.«

Der egoistische Mensch versucht, seinen Vorteil aus den gegebenen Möglichkeiten zu ziehen. Das ist moralisch nicht weiter erbaulich, aber hilfreich für den einzelnen und in der Summe nützlich für die Gemeinschaft. Natürlich versucht jeder Normalegoist, sich selbst als moralisch einwandfreien Gutmenschen darzustellen. Aber von der Statistik wird er immer wieder entlarvt. So reden alle gern vom Energiesparen. Doch die Praxis zeigt, Energie wird nicht dort gespart, wo besonders umweltbewußte Menschen leben, sondern dort, wo die Mieter eine individuelle Heizkostenabrechnung erhalten, also Kosten und Nutzen direkt zu spüren bekommen.

Leider wird das segensreiche Wirken des gesunden Eigeninteresses heute sogar in kapitalistischen Unternehmen mißachtet. Vom schlechten Gewissen und schlechten Managementgurus zermürbt, lassen sich zeitgeistige Kapitalisten alle möglichen Mätzchen einfallen, um zu bemänteln, daß der vordringliche Zweck eines Wirtschaftsunternehmens Profit heißt. »Die derzeitige Hirtenbriefmentalität«, schreibt der Wirtschaftsautor Reinhard K. Sprenger, »betont daher gemeinsame Werte, Rituale, Symbole und Mythologien, die als Firmenkitt alle Unternehmensmitglieder richtungsgleich zusammenschweißen sollen.« Den Segen der Gutmeinenden erlangen Unternehmer in der Regel erst, wenn sie wie Bill Gates Teile ihres Vermögens für wohltätige Zwecke stiften oder verschenken. Doch dies stellt die Dinge auf den Kopf. Die Gesellschaft profitiert in weit größerem Umfang von der Tatsache, daß Bill Gates sein Imperium aufgebaut hat, als davon, daß er es verschenkt.

Der Ökonom Ehrich Staudt ist der Überzeugung, daß ohne den Typus des sozial unverträglichen Egomanen allgemeine Stagnation herrschen würde. Es sei eine Art egoistischer Partisanenstrategie, die Aufbruch und Innovation erst möglich mache. »Innovation im Konsens«, so Staudt, »ist Nonsens!« Er untersuchte einige erfolgreiche Neuerungen in weitgehend erstarrten deutschen Großkonzernen und stellte fest, daß die Erfolge nur zustande kamen, weil sich in der kritischen Phase einzelne Führungskräfte regelwidrig verhalten hatten.

»Innovationen mit konsensualen Prozeduren«, so Staudt, »hat es nie gegeben. Es sind immer einzelne oder Minderheiten, die Neuentwicklungen wagen, Risiken eingehen und Veränderungen suchen. Viele von ihnen bleiben dabei auf der Strecke, und einige haben Erfolg, und erst dann folgt ihnen die Masse. Wer dagegen Änderungen verhindern und Besitzstände erhalten will, der macht runde Tische, das tut niemandem weh und macht es allen recht. Das erscheint furchtbar sozial, sichert Mehrheiten, bewahrt vor Risiken.« Leider führt das dichte Netz aus gegenseitiger Abhängigkeit, Kumpanei und Seilschaftsgeist, welches die meisten größeren Unternehmen durchzieht, in der Regel zur zweiten Variante. Der einsame Wolf und der geniale Sonderling, die ihr Verhalten nicht an die Ansprüche des Kollektivs anpassen können, haben in solchen Strukturen kaum eine Chance.

Es scheint, als wolle der Kapitalismus den Egoismus loswerden, um als edelmütiges, selbstloses Gemeinschaftswerk endlich einmal von allen geliebt zu werden. Höchste Zeit, an die historische Lektion von Adam Smith zu erinnern: Der Egoismus des einzelnen – des Metzgers, Bauers oder Bäckers – ist der wahre Quell des Gemeinwohls.

Kapitel 10

Es ist besser,
ein dauerhaftes Einkommen zu haben,
als faszinierend zu sein.

Oscar Wilde

Das teuflische Lächeln der Mona Lisa

Kalte Berechnung fördert Kunst und Kultur

Das Bildnis der Mona Lisa. Millionen strömen Jahr für Jahr in den Pariser Louvre, um ein paar Sekunden ihres geheimnisvollen Lächelns ansichtig zu werden. Der Ausdruck ihres Gesichtes bleibt rätselhaft. Was will uns Leonardo da Vinci damit sagen? Welche Motivation mag den Künstler zu solch bildnerischer Hochleistung angespornt haben? Ist gar Ironie im Spiel? Wir wissen es nicht. Aber wir vermuten das Schlimmste. »Nicht nur an Ruhm dachte Leonardo, sondern immer auch ans Geld«, schreibt der Literaturwissenschaftler und Historiker Gerhard Prause in seinem aufschlußreichen Buch »Genies ganz privat«. Die Mona Lisa stellt mit großer Sicherheit keine arme Schönheit aus dem Volke dar, sondern ein Porträt der Gemahlin des vermögenden Patriziers Francesco del Giocondo. Höchstwahrscheinlich bestellt zum Wohlgefallen des Auftraggebers und geliefert frei Palast Florenz im beliebten Format 77 x 53 cm.

Leonardo brillierte als Maler, Architekt, Ingenieur, Naturforscher und Futurologe zugleich. Soviel haben uns unsere Lehrer in der Schule beigebracht. Bedauerlicherweise läßt der Lehrplan bis heute eine entscheidende Facette seines Schaffensdranges unter den Tisch fallen: Leonardo war ein ziemlicher Egomane. Er benahm sich mißtrauisch wie eine Natter und hielt vom Teilen herzlich wenig. Stets und ständig hatte er Angst, daß man ihm seine Ideen stehlen könne und Plagiatoren ihn um Ruhm und finanziellen Erfolg bringen könnten. Mit Spiegelschrift, ungewöhnlichen Kürzeln und Wortzusammenziehungen machte er sich deshalb für andere schwer durchschaubare Notizen, die teilweise bis heute nicht vollständig entschlüsselt sind.

Auch in die Aktion »Künstler für den Frieden« hätte er nicht so recht gepaßt. Als hochqualifizierter Zuarbeiter der damaligen Rüstungsindustrie entwarf Leonardo für den Fürsten Cesare Borgia grausame Waffen. Borgia inspirierte wiederum den Schriftsteller Machiavelli zu seinem Werk über die Prinzipien der Machterhaltung (es wird gerne und fälschlicherweise als Handbuch für Tyrannen verschenkt). Man kannte sich in diesen Kreisen. Unter anderem entwickelte Leonardo einen perfekten Plan zur Versenkung einer ganzen feindlichen Flotte, dessen Drohpotential bereits zur Kapitulation führen würde. Diese Form der Kriegsführung schien ihm auch den eigenen Vorteil am besten zu sichern. »Zuerst mußt du ein schriftliches Abkommen treffen, wonach die Hälfte des Beutegeldes dir zu gehören hat«, vermerkte er in eigener Sache, »und zwar ohne Abzüge.«

Doch die Zeit heilt viele Wunden. So gehen wir lächelnd wie Mona Lisa über das Gewinnstreben des Universalgenies hinweg, denn ohne Leonardos Eigennutz wäre die gesamte Menschheit ärmer. Zumal das einnehmende Genie keineswegs allein dasteht. Rembrandt beispielsweise lebte in Saus und Braus, kaufte Gemälde, Teppiche, Perlen, Edelsteine und Waffen – bis er schließlich pleite ging. Auch Picasso und Salvador Dalí hatten ein ausgesprochen positives Verhältnis zum Privateigentum. Beider Ateliers galten schon zu Lebzeiten als ausgesprochen lukrative Unternehmen.

Bei Dalí dürfen wir obendrein die amtsärztliche Charakterisierung »größenwahnsinnig« hinzufügen. »Der Maler kann sich schon durch sein auffälliges Auftreten bekannt und unübersehbar machen, erinnert sei hier an Salvador Dalí und seinen gezwirbelten Schnurrbart«, heißt es in dem 800-Seiten-Klassiker »Genie, Irrsinn und Ruhm« (von Wilhelm Lange-Eichbaum und Wolfram Kurth). Dabei hatte Dalí eine völlig einleuchtende Erklärung für die spitzen Enden seines Bartes: Es seien Antennen zum Empfang von Momentaufnahmen Gottes, die einzig und allein zur Erleuchtung des begnadeten Dalí abgesendet würden. Auch sonst verraten seine Äußerungen ein gediegenes Selbstbewußtsein und vor allem eine ausgesprochen elitäre Abneigung gegen sozialistische Ideale: »Seit der Französischen Revolution breitet sich immer mehr die verblödete Volksmeinung aus, daß Genies – wenn man von ihrem Werk absieht – Menschen seien, die dem Rest der gewöhnlich Sterblichen mehr oder weniger ähneln – das trifft nicht zu.«

Kommen wir nun zu einem deutschen, respektive bayrischen Vertreter der Abteilung Größenwahn: König Ludwig II. von Bayern, genannt der Märchenkönig. In dem bereits zitierten Standardwerk »Genie, Irrsinn und Ruhm« bringt er es immerhin auf zehn Eintragungen von erheblichem Umfang. Dem Typus eines »zielbewußten königlichen Narziß« durften sich Diener gegen Ende seines Wirkens nur noch kniend nähern. Unter Anhäufung gigantischer Schulden erbaute er unter anderem die ebenso berühmten wie geschmacklich bedenklichen Märchenschlösser Neuschwanstein und Herrenchiemsee. Reichskanzler Bismarck nahm dessen »panisches Geldraffsyndrom« (Der Spiegel) im Tausch gegen politische Willfährigkeit in Kauf und ließ ihn munter anschreiben, bis die Geschichte aufgrund eines bis heute nicht so recht geklärten Todes durch Ertrinken ein feuchtes, aber nicht fröhliches Ende fand.

Was Ludwig nicht wissen konnte und trotz kühnster Träume nicht vorhergesehen hat: Seine Schlösser entpuppten sich als geniale Touristenköder für den nach seinem Tode aufblühenden bayrischen Fremdenverkehr. In der Retrospektive erweist sich der durchgeknallte »Kini« als genialer Großinvestor, dessen Themenparks schließlich sogar Walt Disney anerkennend imitierte. Jede geliehene Mark hat sich inzwischen tausendmal amortisiert. Ludwigs völlig unnütze Protzschlösser sind heute unersetzliche Stützen des deutschen Tourismusgewerbes.

Staunende Amerikaner und glucksende Japaner besichtigen zu Hunderttausenden Türmchen und Gesimse, goldene Lüster und dicke Brokatvorhänge. Nicht zu vergessen Richard Wagners Gästebett aus handverlesenen Schwanendaunen. Denn auch der Meister profitierte kräftig von Ludwigs Großmannsallüren. Inzwischen haben die Bayern ihrem König in Sichtweite von Neuschwanstein sogar ein nagelneues Musicaltheater erbaut, eine späte Folgeinvestition königlichen Wahnsinns.

Geschichte wiederholt sich nicht, und wenn, dann als Farce. Und die durften wir auf der Buchmesse 2000 in Leipzig erleben. Auch dort ging es um prächtige Gesimse und liebevoll restaurierte Gewölbe, um architektonische Pracht und Herrlichkeit. Gerettet wurden sie letztendlich in betrügerischer Absicht: Von dem später verurteilten Gesetzesbrecher und ehemaligen Baulöwen Dr. Jürgen Schneider. Der wird als Ludwig II. für Arme in die Geschichte eingehen, besonders für die arme Deutsche Bank. Die Chuzpe des Dr. Schneider und die Dummheit der Bankiers summieren sich auf insgesamt 5,5 Milliarden Mark, um die der größenwahnsinnige Schneider die Jungs von der größenwahnsinnigen Bank prellte.

Obwohl dabei auch zahlreiche Handwerker schwer geschädigt wurden, gab es keine Pfiffe, sondern Beifall vom heimischen Publikum, als der bankrotte Freigänger Schneider in Leipzig seinen Bildband »alle meine Häuser« vorstellte. Herr Schneider war nämlich ein ausgesprochener Liebhaber historischer Bausubstanz. Dazu gehören der Fürstenhof, der Barthelshof, das Bambergerhaus und die Mädlerpassage. Selbst die New York Times berichtete von den teuflischen Vorgängen um »Goethes Bierkeller«. Unter der Mädlerpassage finden bildungsbeflissene Leipzig-Touristen Auerbachs Keller, den Goethe während seiner Leipziger Studentenzeit gerne und häufig frequentierte. Ein Wandgemälde in dem bierseligen Gewölbe regte den großen deutschen Dichter zu einer Szene im »Faust« an. Der Teufel war auf der Freske als Hund dargestellt, woraus »des Pudels Kern« wurde. Inzwischen prangt auch der Millionen-Pleitier Schneider als Wandgemälde in Auerbachs Keller. Der Künstler steckte sein Konterfei in das rote Kostüm eines mephistophelischen Hofnarren – weshalb die Begebenheit in diesem unseren teuflischen Buch doch irgendwie Erwähnung finden muß.

Doch bleiben wir bei Goethe. »Die Buchhändler sind alle des Teufels«, gab er im Jahr 1829 zu Protokoll, »für sie muß es eine eigene Hölle geben.« Mit »Buchhändler« meinte er die Verleger, denen er stets die Zahlung zu niedriger Honorare vorwarf. Zumindest für den zu Ruhm gelangten Goethe traf dies aber keineswegs zu: Er pokerte als Starschreiber außerordentlich stolze Honorare heraus und bestand auf üppigen Vorauszahlungen, bevor die Verleger auch nur eine Zeile gelesen hatten. Sie mußten stets die Katze im Sack kaufen. Sein Verleger Cotta garantierte dem überaus geschäftstüchtigen Herrn Geheimrat 1827 mit 60.000 Talern für die sechzigbändige »Ausgabe letzter Hand« das höchste bis dahin in Deutschland jemals gezahlte Honorar, dies entsprach nach heutiger Kaufkraft über zwei Millionen Mark. Johann Wolfgang von Goethe handelte nicht weniger kommerziell als Michael Crichton, John Grisham oder Steven King. Das Streben nach finanziellem Vorteil beflügelte somit auch einen Säulenheiligen des deutschen Bildungsbürgertums, was seinen Nachfahren und Sachwaltern in Theater, Literatur und Goethe-Instituten gründlich entfallen zu sein scheint.

Auch andere prominente Vertreter der schreibenden Zunft

verstanden es trefflich, Kunst und Kommerz miteinander zu verbinden. Shakespeare beispielsweise gierte mindestens so scharf nach vollen Häusern wie die Walt Disney-Company. Er legte seine beträchtlichen Einkünfte in Ländereien an, die er sodann an Bauern verpachtete.

Voltaire war ebenfalls ein gerissener Geschäftsmann. Der Literaturhistoriker Gerhard Prause legt in seinem Buch die kommerzielle Energie des großen Philosophen offen: »Den Grund für sein Vermögen hatte er mit einem Lotteriegewinn gelegt. Dieser war aber kein Zufall, sondern wurde durch das Ausnützen eines Fehlers der Veranstalter möglich.« Voltaire und der Mathematiker La Condamine hatten herausgefunden, daß derjenige, der alle Lose kaufen würde, einen sicheren Gewinn von einer Million Livres machen würde. Mit Hilfe von Strohmännern und geliehenem Geld schlug Voltaire zu. Mit der gewonnenen Million spekulierte er an der Börse und investierte in damals bereits globalisierte Gewerbe wie Reedereien. Außerdem steckte er seine Starhonorare in den Getreidehandel sowie in eine Uhrenfabrik. Sein Jahreseinkommen betrug nach heutigem Wert rund eine Million Mark. Gerhard Prause faßt Voltaires Fähigkeiten so zusammen: »Er war ein wirklich genialer Geschäftsmann, dieser François Marie Arouet, der sich Voltaire nannte und als Philosoph die vollkommene Verkörperung der aufklärerischen Vernunft verkörperte.«

Würde doch bloß ein wenig davon in Deutschlands Schulklassen zirkulieren, wo zwar fleißig Goethe und Voltaire gepaukt wird, unternehmerisches Denken aber als unvereinbar mit dem Bildungskanon gilt. In ihrem lesenswerten Buch »Reichtum von unten« stellen die Wirtschaftspädagogen Günter Faltin und Jürgen Zimmer kopfschüttelnd fest: »Obwohl Pädagogen gerne hoch bezahlt werden – deutsche Lehrer liegen mit ihren Gehältern weltweit an zweiter Stelle – gilt ihnen die Erwirtschaftung von Überschüssen eher als anrüchig. So richtig reich werden ist noch unanständiger.« Unternehmer sind in diesem Lande das Ergebnis biographischer oder charakterlicher Entgleisungen, jedenfalls nicht das Produkt der Bemühungen deutscher Pädagogen. Die Verkennung oder Unterschlagung von Profitstreben gerade im kulturellen Wettbewerb ist dabei nicht nur ahistorisch, sondern macht den Unterricht auch furchtbar langweilig. Statt den Egoismus als wichtigen Faktor mit in die Wertediskussion einzubeziehen, wird gebetsmühlenartig das einfache und bedürfnislose Leben als Verkörperung des Glücks gefeiert und die Suche nach Reichtum und materiellen Gütern als Irrweg abgetan. Dieses Motiv hat sich in der politischen Philosophie der Grünen ebenso wie in christlich-konservativen Kreisen fest etabliert. Doch die Leistungen eines da Vinci, Goethe oder Voltaire, die noch heute viele Menschen beglücken, sind beim besten Willen nicht aus Selbstlosigkeit zu erklären. Viel eher ist das Gegenteil der Fall.

Kapitel 11

Ja, mach nur einen Plan
Sei nur ein großes Licht
Und mach dann noch 'nen zweiten Plan
Gehn tun sie beide nicht.

Bertolt Brecht (Dreigroschenoper)

Lob des Leichtsinns

Kein Fortschritt ohne Risiko

Baywatch: Der Herr, der einen kalifornischen Strandabschnitt überwacht, darf sich der Aufmerksamkeit der Damenwelt versichert sein. Diese Größe und Statur, dieses dichte Haar, diese Bräune! Wirklich ein Bild von einem Mann. Sein Lebensmotto heißt »Lebe wild und gefährlich«, und er vertritt es mit einem Gewicht von zweieinhalb Tonnen. Der Umschwärmte ist ein See-Elefant.

Auf der Suche nach den tieferen Ursachen für den Reiz am Risiko gelten diese Kolosse als aufschlußreiche Forschungsobjekte. Ihr Geschlechtsleben weist nämlich eine ausgesprochene Gerechtigkeitslücke auf: 85 Prozent der Männchen kommen beim weiblichen Geschlecht niemals zum Zuge. Nur der »Beachmaster«, der stärkste und unerschrockenste Bulle darf seine Gene weitergeben. Für den Rest der männlichen Strandbelegschaft heißt das: No risk, no fun.

Das Wissenschaftsmagazin »Scientific American« analysiert: »In der evolutionären Endabrechnung steht ein alter, aber risikoscheuer Junggeselle nicht besser da als der junge Draufgänger, der beim Kampf mit dem Beachmaster das Leben verliert.« Beide haben keine Nachkommen, und ihre Gene weilen nicht mehr unter uns. Der risikofreudige Herausforderer hatte aber zumindest eine Chance. Daraus folgt eine evolutionäre Lehre fürs Leben: »To take no risk, is the biggest risk of all« – nichts zu riskieren, ist das größte Risiko von allen.

Die menschliche Evolution verlief – zumindest was die sexuelle Lufthoheit angeht – etwas weniger rüde. Aber auch im Verlauf der Menschwerdung zeigte sich rasch: Nur wer etwas wagt, der gewinnt. Als erster Preis in der Urzeitlotterie galten häufigerer Sex und bessere Nahrung. Die menschliche Erfolgsgeschichte fußt auf dem Prinzip von Versuch und Irrtum. Auf das Eingehen von Risiken war seit jeher eine Prämie ausgesetzt.

Unsere Urahnen, so glauben viele Paläoanthropologen, waren ziemlich leichtsinnige Tagediebe. Mit ihren primitiven Werkzeugen und der im Vergleich zu Huftieren langsamen Fortbewegung hatten die Hominiden in der afrikanischen Savanne nämlich kaum Chancen, als Jäger zu reüssieren. Also streiften sie durchs Steppengras und hielten nach ihren Kumpels, den Geiern Ausschau. Hatten die Aasvögel ein totes Tier entdeckt und schwebten zu Boden, rannte der menschliche Urmob, so schnell er konnte, zum Buffet. Doch oft waren Hyänenrudel oder Löwen schneller. Die größte Chance auf ein proteinreiches Mittagessen bestand, wenn der Löwe die Beute selbst erlegt hatte, denn dann war er erschöpft. Das hatten unsere Vorfahren schnell ausbaldowert. Wagemutig ergriffen sie folglich jede Gelegenheit, den wütenden, aber ermatteten Katzen den Braten zu entreißen. Doch manch ein Löwe war auch nicht blöde und verspeiste die vorwitzigen Mundräuber mitunter gleich mit.

Für Urmenschen war die lebenswichtige Fleischnahrung nicht ohne Wagnis zu gewinnen; bis zur Erfindung der Wursttheke und der Lebensmittelaufsicht sollten noch viele Jahrtausende vergehen. Und so wurden die schmächtigen Primaten mit dem großen Gehirn schon früh auf Risiko geprägt. Im Laufe der Menschheitsentwicklung brachen drei unterschiedliche Arten von Urmenschen von der ostafrikanischen Savanne auf, um neue Lebensräume zu erobern. Zweimal scheiterten diese frühen Abenteuerreisen kläglich. Doch beim dritten Anlauf – vor 70.000 Jahren – eroberten die Vorfahren der heutigen Menschheit nach und nach alle Kontinente. Vielleicht ließen sie sich von wandernden Tierherden immer weiter aus ihrer angestammten Heimat locken. Vielleicht flohen sie, weil die Besiedlungsdichte stieg und sich dadurch Seuchen ausbreiteten. Wie dem auch sei: Es waren wohl kaum die Vorsichtigen und Zögerlichen, die sich auf den Weg machten.

»Schon frühzeitig hatten die Menschen erkannt, daß jeder entscheidende Schritt nach vorn, also über die Grenzen des Bekannten hinaus, den Eindringling der Gefahr aussetzte«, meinte dazu der Tiefseetaucher und Meeresforscher Jacques Cousteau, der zeit seines Lebens gewohnt war, große Risiken einzugehen. Der Mut zum Risiko schliff sich durch die Jahrtausende tief in Gene – und damit in unseren Geist und unser Verhalten – ein. Jeder kennt das Gefühl (oder erinnert sich dunkel daran): Endlich erwachsen werden wollen und endlich abhauen, raus aus dem Elternhaus und rein in die eigene Bude, in die große Stadt, in das fremde Land. Nicht ohne Grund stattete die Natur die jugendliche Reifezeit mit einer gehörigen Portion Leichtsinn aus. Dieser Leichtsinn kann zu Verkehrsunfällen, Drogenmißbrauch oder frühen Schwangerschaften führen, aber auch zu genialen Erfindungen, großen Kunstwerken und kühner Forschung. »Liebe die Ungewißheit«, rät daher der Kommunikationstheoretiker Norbert Bolz. Ohne jugendliche Leichtfertigkeit bestünde die Welt vermutlich aus lauter Provinznestern, in denen greise Honoratioren die Zeit anhalten wollen.

Was tun andere Kulturen mit ihren jungen Wilden? In vielen Völkern sind die Menschen nach Generationen organisiert. Es gibt Kasten »junger Krieger« – etwa bei den Massai –, die sich durch tollkühne Taten Prestige erwerben. In Stammesgesellschaften können Jugendliche bei traditionellen Prüfungen ihren Mut beweisen: ein Stück Urwald roden, Vieh von anderen Stämmen stehlen, ein wildes Tier erlegen oder die Männer vom Nachbardorf durch einen dreisten Streich blamieren. Das Eingehen von hohen Risiken verschafft den Heranwachsenden Identität: Wer die Grenzen der Sicherheit überschreitet, wird Herr seiner Existenz. »Dieses Muster«, schreibt der Ethnologe Georg Elwert, »tritt quer durch die Kontinente in sehr unterschiedlichen Kulturen dermaßen übereinstimmend auf, daß man denken könnte, es handele sich um eine anthropologische Universalie.«

Rein neurologisch sollte man sie in der rechten Gehirnhälfte suchen. Die ist für Intuition, Kreativität und musische Fähigkeiten reserviert. Vor allem aber wird hier viel entwicklungsgeschichtliches Erbe unserer Urahnen vermutet. Rationalität und Logik sind hingegen in der voll ausgelasteten linken Gehirnhälfte beheimatet. Hier erblühen, kurz gesagt, die Geometrie und die Einkommenssteuererklärung.

Moderne Gesellschaften entwickeln mit der linken Gehirnhälfte einen immer stärkeren Hang zur Risikoprävention. Daher ziehen heute die meisten Menschen die Voraussehbarkeit dem Unbekannten und Ungewissen vor, denn dieses macht Angst. Der britische Soziologe Frank Furedi hat die medizinische Fachliteratur daraufhin untersucht. Ergebnis: Zwischen 1967 und 1972 wurden rund 1000 Artikel veröffentlicht, in denen der Begriff Risiko eine Rolle spielt. Zwischen 1986 und 1991 waren es bereits 80.000 Veröffentlichungen.

Es fehlt deshalb nicht an Versuchen, die Bürger als rundum behütete und betreuungsbedürftige Laufstallbewohner zu halten. Alles wird immer sicherer (von der Rente mal abgesehen). Papierlocher, Telefonhörer und Klobürsten fertigt man nur noch aus solchen Materialien, an denen Babys mindestens zwei Tage gefahrlos lutschen können. Gesellschaft und Staat mutieren zu einer gigantischen Risiokovermeidungsorganisation. »Die Polizei macht Hatz auf polnische Hütchenspieler«, schreibt der Journalist Roland Tichy, »die eine selbstübernommene Pflicht erfüllen: dumme Bauern um ein paar Hunderter zu prellen, damit sie lernen, wie man in der Stadt überlebt.«

Politiker aller Parteien sonnen sich in ihrer Fürsprache für das sogenannte Vorsorge-Prinzip. Zunächst einmal ist es normal und nur vernünftig, sich vorher über ein potentielles Risiko Gedanken zu machen. Nicht normal ist freilich, wenn eine Gesellschaft sich unter dem Banner der Vorsorge selbst lähmt und pure Stagnation erzeugt. Das Kleingedruckte des Vorsorge-Prinzips lautet in etwa so: Wann immer zu vermuten steht, daß ein Verfahren oder ein Stoff gefährliche Schäden anrichten könnte, sollten diese nicht angewendet werden, selbst wenn über die Schädlichkeit noch keine endgültige Gewißheit besteht.

Damit haben seine Verfechter die Beweislast umgekehrt: Nicht etwa der Gegner einer Neuerung muß beweisen, daß durch diese jemand zu Schaden kommen kann. Nein: Der Erfinder soll beweisen, daß diese Gefahr auf jeden Fall ausgeschlossen werden kann. Bedauerlicherweise ist dies grundsätzlich unmöglich. Ein einfaches Beispiel: Sie kaufen sich ein Fahrrad und wollen losradeln. Nach dem Vorsorge-Prinzip ist dies aber völlig unvertretbar. Die Gefahr, einen tödlichen Fahrradunfall zu erleiden, ist gar nicht so klein (denken wir nur an die jährlich 70.000 Verkehrstoten im chinesischen Fahrradparadies). Das Fahrradfahren ist daher eigentlich zu unterlassen. Das gleiche gilt für Autofahren, Skifahren, Karussellfahren, Treppensteigen und Biertrinken. Getreu dem Vorsorge-Prinzip muß die gesamte Bevölkerung der Bundesrepublik die Arbeit sofort einstellen und vorsorglich im Bett bleiben. Aus diesem Dilemma befreien wir uns mit einem genialen Kunstgriff: Das Vorsorge-Prinzip wird nicht angewandt für altbekannte, tatsächliche Gefahren, sondern nur für neue, vermutete.

Laut Vorsorge-Prinzip hätte unter anderem die Evolution untersagt werden müssen. Im Laufe der Erdgeschichte gab es immer wieder Wesen, die gewaltige Risiken auf sich nahmen, um neue Ressourcen aufzuspüren, und dadurch für neue Entwicklungsschübe des Lebendigen sorgten. Für den ersten Fisch, der mit seinen Flossen mühsam auf den Strand robbte, war das trockene Land zunächst so unbewohnbar wie der Mond. Als sich der erste Urvogel vom Ast fallen ließ, ist er vermutlich unsanft gelandet. Das erste Feuer, das erste Floß, die erste Steinaxt waren sehr riskante Erfindungen. Als im Neolithikum durch Ackerbau und die Viehzucht die Grundlagen aller späteren Wirtschaftsformen gelegt wurden, ging die Initiative vermutlich nicht von den Bedenkenträgern aus. Es ist ziemlich gefährlich, wilde Stiere lebendig einzufangen und zu zähmen. Doch diese leichtsinnige Tat schuf erstmals eine relativ sichere Nahrungsgrundlage für spätere Generationen.

Doch in den gesitteten Sozialordnungen der Industrieländer ist kein Platz für junge Stierkämpfer. Sie leiden unter einem Mangel an Gefahren und Abenteuern und manche holen sich den ersehnten Kick als S-Bahnsurfer, Raser oder Hooligans. Offenbar sitzt der evolutionäre Drang nach Risiko und Grenzerfahrung tief im Menschen und kann nur notdürftig zivilisatorisch bemäntelt werden. Die individuelle Risikolust steigt dabei um so mehr, je gründlicher das kollektive Restrisiko abgeschafft wird.

Viele wollen aus einer Welt ausbrechen, die voller Zwänge steckt, voller Gewohnheiten und Konventionen. Denn die Entbehrung von Unsicherheit hat einen Namen: Langeweile. Am Wochenende lassen es circa 24 Millionen deutsche Freizeitsportler so richtig krachen: Mountainbiker bezwingen alpine Sturzpfade und Freeclimber hängen wie Fliegen an den Wänden. Obendrüber schweben Drachenflieger und Fallschirmgleiter.

Unten im Tal donnern Schlauchbootbesatzungen durchs Wildwasser und Motorradfahrer in abenteuerlicher Schräglage durch Haarnadelkurven. An den Brücken stürzen sich die Könige des Thrills am Bungeeseil in die Tiefe. Die Intensivstationen der Krankenhäuser sind am Samstag meist ausgebucht. Im Alltag jedoch fühlt sich der tollkühne Bungeeakrobat häufig bedroht. Er fürchtet sich vor dem Euro, der Klimakatastrophe, der Gentechnik und der Globalisierung. Er wünscht sich Grenzwert Null für alle Gefahren des technischen Zeitalters und bucht dann drei Wochen Dschungeltrekking zu den letzten Kannibalen Papua-Neuguineas.

Der Bergsteiger Reinhold Messner verließ den Laufstall in Richtung Karakorum und bezwang die Achttausender reihenweise, ob mit oder ohne Sauerstoffgerät. »Ich setze mich absichtlich gefährlichen Situationen aus, damit ich lerne, mich mit meinen Ängsten und Zweifeln, meinen innersten Gefühlen auseinanderzusetzen«, sagt der Klettermaxe, der dabei beinahe vom Yeti gebissen worden wäre. »Nahe dem Tod«, so heißt in USA ein geflügeltes Wort, »bist du am lebendigsten.« Mitunter haben die Akteure allerdings keine Gelegenheit mehr, dies der Nachwelt mitzuteilen. Eine historische Ausnahme ist der Südpolforscher Robert F. Scott. Im Abschiedsbrief an seine Frau schrieb er unmittelbar vor seinem Erschöpfungstod 1912 in der Antarktis: »Was könnte ich Dir alles von dieser Reise erzählen. Und wieviel besser war sie doch als daheim zu sitzen in zu großer Bequemlichkeit.« Es ist nicht bekannt, ob seine Frau diese Einschätzung teilte.

Doch auch jenseits von Abenteuerlust und Thrill-Sportarten gibt es noch risikofreudige Exemplare der Spezies Mensch, die ihre Gattung durch riskante Aktionen voranbringen. An dieser Stelle müssen wir sicherlich der ehemaligen Bürgerrechtsbewegung der DDR und den Republik-Flüchtlingen Richtung Ungarn ein Denkmal setzen. Sie riskierten Hab und Gut, Leib und

Leben und brachten damit ein diktatorisches System zum Einsturz. Das Ganze war auch für die übrige Menschheit nicht ohne Risiko und hätte unangenehme Folgen haben können, der Weltfrieden hing zeitweise an einem sehr dünnen Faden. Hätte der Protest deshalb etwa unterbleiben sollen – gleichsam nach dem Vorsorge-Prinzip?

Tatsächlich gab es in Deutschland genügend Bedenkenträger, Mahner und Warner, die in diesem Sinne argumentierten. Zwei Herren, die eigentlich eher aufs Aussitzen abonniert waren, hatten hingegen ihre große Stunde. Helmut Kohl und Hans-Dietrich Genscher. Die beiden sehen nicht gerade aus wie Könige des Thrills, sie erinnern eher an zwei erfolgreiche See-Elefanten. Schlau, verschlagen, machtbewußt und wahltaktisch nutzten sie die Situation aus und setzten alles auf eine Karte: die Wiedervereinigung. Entschlossen und trickreich marschierten die beiden Kolosse auf die deutsche Einheit zu, bedrängten den sowjetischen Bären und zogen als Drachentöter gen England zu Margaret Thatcher, was ohne Zweifel der gefährlichste Einsatz war. »Man darf nicht der Illusion erliegen, daß Nichtstun und Verharren Risikofreiheit bedeutet«, meint Hans-Dietrich Genscher. Oder, um es nach dem Mephisto-Prinzip auszudrücken: Wer wirklich sicher sein will, muß etwas wagen.

»Vorsicht, hier wohnen Drachen«, hat vor einigen Jahrhunderten ein Kartograph an den Rand einer unheimlich leeren Terra incognita geschrieben. Es war eine Warnung an allzu verwegene Seefahrer, daß sie sich hier auf eigene Gefahr ins Unbekannte begeben würden. Viele mögen abgeschreckt worden sein, doch andere wie Kolumbus oder Magellan scheint die Warnung eher angestachelt zu haben. »Wer neue Länder entdecken will, muß bereit sein, das Ufer lange Zeit aus den Augen zu verlieren«, schrieb André Gide. Und genauso war das auch mit der Terra incognita, die ein geeintes Deutschland 1989 noch darstellte. Genscher und Kohl wagten mit der deutschen Wiedervereinigung viel und bestätigen, was Orson Welles einmal sagte: »Die echten Mogule und Tycoons sind immer große Spielerpersönlichkeiten, Spieler, die gerne im Hintergrund bleiben und ruhig und besonnen auf die besten Chancen für ihren Einsatz warten.«

Der amerikanische Psychologe Frank Farley unterscheidet bei Personen, die unter Inkaufnahme großer Risiken handeln, den »physischen Typ« (also Messner und Co.) sowie den »intellektuellen Typ«. Vielleicht sollte man noch eine dritte Kategorie einführen: Den Macht-Typus. Hierzu würden beispielsweise Politiker gehören, die sich mit vollem Risiko bis an die Spitze der politischen Nahrungskette hochbeißen. Die Kaufleute wiederum haben das Wort Risiko erfunden: »riszk« wanderte aus dem Arabischen ins Italienische (rischio) und bedeutet Lebensunterhalt. Die arabischen Kaufleute, die ihre Waren auf Schiffen oder Karawanen selbst begleiteten, mußten einiges riskieren, wenn sie ein Geschäft tätigen wollten. Und dies gilt für manchen heutigen Unternehmer noch genauso.

Besonders Zukunftsindustrien wie die Informations- und Biotechnologie erfordern immer größere Einsätze. Wissenschaft und Forschung haben hier oft nichts als die vage Hoffnung auf einen Erkenntnisdurchbruch zu bieten, sei es ein neues Medikament oder ein revolutionärer Computerchip. Der Wert, für den junge Unternehmer oder Forscher Geld suchen, muß erst noch geschaffen werden. Hier kommen die Herren des »Venture Capital« ins Spiel – was man auf deutsch mit Wagnis- oder Risikokapital übersetzen könnte. Beide Begriffe werden vom Bundesverband der Deutschen Kapitalbeteiligungsgesellschaften aber ihres »negativen Klangs« wegen nicht verwendet. Der ehemalige baden-württembergische Ministerpräsident und heutige Manager Lothar Späth gehört zu denjenigen, die sich früh für die Venture-Kapitalidee stark machten. »Gibst du jungen Leuten nur auf eine Idee hin Geld«, sagt er, »so erklären dich die Deutschen für verrückt. Hat der junge Mann dann Erfolg und du bist mit 50 Prozent daran beteiligt«, führt Späth weiter aus, »dann schimpfen sie dich einen miesen Ausbeuter.«

Kein Wunder, daß die erfolgreichsten Spezialisten für Risikokapital in den USA sitzen. Im kalifornischen Silicon Valley bevölkern sie ein ganzes Stadtviertel: Sandhill Road, Menlo Park. Hier hat das moderne Risiko seinen ständigen Wohnsitz. Junge Forscher und Firmengründer putzen in der Sandhill Road die Klinken. Die Spielregeln sind klar: Wer Geld will, räumt den Kapitalgebern im Gegenzug eine Beteiligung an seinem Unternehmen ein. Viele heute milliardenschwere Konzerne wie Cisco, Sun Microsystems, Apple oder Amgen (Biotechnologie) verdanken ihren Start einem Scheck auf die Zukunft, der hier ausgestellt wurde.

Eine typische Situation im Portfolio eines Venture-Kapitalgebers sieht so aus: Von 20 Unternehmen gehen vier bankrott, sechs machen Verluste, sechs moderate Gewinne, drei erzielen gute Ergebnisse, und eins ist das goldene Los. »Das reicht unter dem Strich für Traumrenditen von 40 Prozent«, erklärt McKinsey-Europachef Herbert Henzler. Erfolgreiche Venture-Kapitalgeber sind keine Bankiers, sondern meist intime Kenner der Industrie, in der sie oft selbst groß geworden sind.

In den USA ist es durchaus nicht ungewöhnlich, daß ein erfolgreicher Manager den sicheren Hafen des Großkonzerns verläßt, und sich mit Haut, Haaren und Hypothek in eine riskante Selbständigkeit stürzt. Motto: »Hide from risks and you hide from the rewards« – Wer sich vor den Risiken versteckt, versteckt sich auch vor deren Lohn. Als einer der wenigen europäischen Topmanager, der sich aus der Deckung wagte, gilt Peter Stadler, ehemals Boß der Biotechnologie des Chemieriesen Bayer. Als ein amerikanischer Kollege ihn auf die Idee brachte, eine eigene Firma zu gründen, hatte er plötzlich »so ein komisches Kribbeln im Magen«. Bei einem eher zufälligen Treffen mit der Medizin-Nobelpreisträgerin Christiane Nüsslein-Volhardt überkam ihn aus einem geschulten Instinkt heraus das Gefühl, daß sich »hier etwas wirklich Großes anbahnen könnte, eine einmalige Gelegenheit«. Dann hörte sich Stadler zu seiner eigenen Überraschung sagen: »Frau Nüsslein-Volhardt, haben Sie nicht Lust, mit mir eine Firma zu gründen?« Die Dame strahlte. Heute sind Nüsslein-Volhardt und Stadler Mitinhaber der Biotechnologie-Firma Artemis. Das junge Unternehmen und seine Pharmaforschung versprechen soviel Erfolg, daß inzwischen die Herren von Sandhill Road bei Artemis Schlange stehen.

Evolutionär betrachtet gilt Risikofreude eigentlich als klassische Männer-Domäne, siehe See-Elefanten. Doch mitunter machen die Typen, die ständig so tun, also ob sie ihren Mann stehen, auch nur viel Radau. Die Frauen holen indes auf. Wer wie Christiane Nüsslein-Volhardt mit einem Nobelpreis belohnt wird, hat über viele Jahre mehr Ungewißheiten und Risiko in Kauf genommen als ein ganzes Fußballstadion voller Machos. »Wenn ich etwas Großes erreichen will, darf ich mich nicht durch Risiken vom Weg abbringen lassen«, sagt auch die in London lebende Avantgarde-Architektin Zaha Hadid, »jeder Mensch entscheidet früh in seinem Leben, ob er einen konventionellen oder unkonventionellen Weg einschlagen will.«

Einen besonders riskanten Weg haben Caroline Haerdi und Jeanine John gewählt: Die beiden Schweizer Frauen sind Europas erstes weibliches Messerwerfer-Duo. »Ich kann mich einfach gut konzentrieren«, sagt Caroline Haerdi, »dort, wo ich hinwerfe, treffe ich auch, millimetergenau.« Risiko ist hier Emanzipationsprogramm: »Nicht mein Hintern oder meine Beine sollten den Leuten gefallen, sondern meine Leistung.« Der Name der teuflisch scharfen Nummer lautet: »The Risk Ladies«.

Kapitel 12

Scheinheiligkeit und vorgetäuschte Freundlichkeit gehören zu den größten zivilisatorischen Errungenschaften, denn sie bewahren uns davor, auszusprechen, was wir denken.

Max Goldt

Die Gunst zu lügen

Plädoyer für eine verlogene Gesellschaft

Das achte Gebot ist unerbittlich. Es gewährt keine Ausnahme für Notlügen, Komplimente oder Geflunker. Kein Hintertürchen bleibt offen: »Du sollst nicht falsch Zeugnis reden!« Seit Jahrtausenden eifern die Moralisten, um dem niederen Volk die ganze Härte dieses göttlichen Gesetzes einzupauken. Besonders der Protestantismus und die Aufklärung sahen in der Lüge das Grundübel, dem zwangsläufig andere Sünden folgen. »Mich dünket, daß kein schädlicher Laster auf Erden sei«, geißelte Luther die Lüge, und Kant erkannte: »Wahrhaftigkeit in Aussagen, die man nicht umgehen kann, ist formale Pflicht des Menschen gegen jeden, es mag ihm oder einem anderen daraus auch noch so großer Nachteil erwachsen.«

Von da ist es dann nicht mehr weit zum Wahrheitsrigorismus eines Johann Gottlieb Fichte, der lieber Leichen als Lügen in Kauf nehmen mochte. Auf die philosophische Frage, ob man einer schwerkranken Mutter mitteilen solle, daß ihr Kind gestorben sei; oder sie besser belügen solle, da die schreckliche Nachricht ihr möglicherweise den Lebenswillen rauben könne, antwortete der Philosoph: »Stirbt die Frau an der Wahrheit, so laß sie sterben.« Zum Glück war Oskar Schindler wohl kein großer Fichte-Fan und ließ sich lieber vom menschlichen Mitleid leiten, als er mit einer ausgetüftelten Lügenstrategie seine jüdischen Arbeiter vor den Nazis rettete. Die Wahrheit war schon immer der Leitstern der Gnadenlosen, von Kirchenvater Augustinus bis zu Lenin, der seine Parteizeitung »Wahrheit« (Prawda) nannte. Ironischerweise gab es wohl kaum eine Zeitung in der Weltgeschichte, die mehr Lügen druckte.

Protestantisch gesinnten Intelligenzblättern ist beim Thema Wahrheit kein Pathos zu hohl. Im Brustton der Empörung werden seit Jahr und Tag die »verlogene Politik«, die »verlogene Gesellschaft« und die »verlogene Moral« entlarvt, angeprangert und wortreich gegeißelt.

Warum aber hielten und halten die großen Mehrheiten aller Zeiten und aller Völker so hartnäckig an ihren kleinen, schmutzigen Lügen fest? Warum wird das moralische Hintertürchen so viel häufiger frequentiert als das Tor zur Wahrheit? »Wann zu einer jeden Lug, sollte bey dem Verkauffen sich ein Baum biegen«, so der Prediger Abraham a Santa Clara im 17. Jahrhundert, »so wurde in kurtzer Zeit ein ganzer Wald bucklet.«

Seither sind die Menschen – Protestantismus hin, Aufklärung her – nicht besser geworden. Ein Gutteil der 12.000 Worte, die ein durchschnittlicher Mann, und der 23.000, die eine durchschnittliche Frau pro Tag absondern, sind nicht ganz ehrlich gemeint. Die Zahl der täglichen Unwahrheiten beziffert die moderne Lügenforschung zwischen zwei (so die Sozialpsychologin Bella DePaulo, USA) und 200 (so der Psychologe John Frazer, USA). Angeblich wird nur jede fünfte Schummelei vom Gesprächspartner entdeckt.

Wie dem auch sei, die Menschen lügen, und sie tun gut daran. Denn das Paradies der nackten Wahrheit, das Luther, Kant, Lenin und Co. auf Erden schaffen wollten, ist die grausamste Hölle von allen. Millionen Menschen erfahren es Tag für Tag: Die milde Beschönigung, das verlogene Kompliment, der geheuchelte Trost machen das Leben schöner und manchmal erst erträglich. »Befolgten die Menschen die Aufforderung, die Lüge zu lassen und die Wahrheit zu reden«, schrieb der Autor Henryk M. Broder, »wären die Folgen entsetzlich. Das ganze soziale Gefüge bräche zusammen, die Menschen sagten sich nicht nur gnadenlos ins Gesicht, was sie dächten, sondern auch, was sie voneinander hielten. Dies wäre das Ende aller Beziehungen, der privaten, der beruflichen und der öffentlichen.« In einer Kultur des Klartextes wäre es nicht mal möglich, die Toten würdevoll zu bestatten. Denn wie jeder weiß: In manchen Trauerreden wird die Wahrheit gleich mit zu Grabe getragen. Deshalb, so Broder, »wird es Zeit, endlich die Lüge als einen gesellschaftlichen Faktor von hohem moralischen Wert und praktischem Nutzen anzuerkennen.« Auch der Psychotherapeut Wolfgang Schmidbauer hält die Wahrheit in manchen Fällen für zwischenmenschliches Gift. Er rät daher beim Seitensprung zur wohldosierten Lüge. »Viele Menschen«, so Schmidbauer, »reagieren völlig überschießend auf ein Seitensprung-Bekenntnis. Da entsteht viel mehr Schaden als durch konsequentes Verheimlichen.«

Menschen lügen zumeist aus Menschlichkeit, fanden Bella DePaulo und ihr Team an der Universität Virginia heraus. Die häßlichen Gattungen der Lüge, Verrat und Denunziation, sind gottlob selten. Wer im Alltag die Unwahrheit sagt, will in der Regel anderen nicht weh tun. Ganz im Gegenteil: Zumeist versucht der Lügner mit ein paar schmeichelhaften Übertreibungen das Selbstwertgefühl seines Gesprächspartners zu stärken. So wie es Eltern tun, die eine ungelenke Krakelei ihres Kleinkindes über den grünen Klee loben. »Ein Drittel aller Frauen täuscht regelmäßig einen Orgasmus vor«, ermittelte die amerikanische Sex-Expertin Sharon Hite. »Lieber vier mal stöhnen, als eine Nacht lang reden.«

Häufig – so die Wissenschaftler – wird auch gelogen, um Meinungsverschiedenheiten aus dem Weg zu gehen und Konflikte zu vermeiden. Harmonie und Wahrheit passen nicht recht zusammen. Oder um es in den Worten des österreichischen Lügenforschers Peter Stiegnitz zu sagen: »Wir brauchen die Lüge, um zu leben. Menschen, die immer die Wahrheit sagen, werden früher oder später gekreuzigt.« Stiegnitz ermittelte per Umfrage, daß 42 Prozent der Menschen lügen, weil sie sich Ärger ersparen wollen. 14 Prozent schwindeln, um sich das Leben zu erleichtern. 8 Prozent täuschen, um geliebt zu werden, und 6 Prozent gaben zu, daß sie es aus Faulheit tun.

Auch wenn die meisten Lügen nur geschönte Wahrheiten sind, so muß ein erfolgreicher Lügner doch eine gewisse Intelligenz besitzen, um nicht sofort entlarvt zu werden. Die Achtung vor dem Empfänger, so der Autor Thomas Brockmann (»Die Kunst zu lügen«, 1991) ist essentiell für jede Lüge. »Wie bei japanischen Kampfsportarten heißt es, sich zumindest mental vor dem Gegner zu verbeugen.« Ohne Lüge keine Kreativität. »Bücher«, so der Verleger Klaus Wagenbach, »erzählen von einer Welt, die erlogen ist. Literatur lehrt uns die Kunst des Lügens.«

Die fürs Lügen notwendige Verstandesleistung war es, so glauben manche Wissenschaftler, die den Homo sapiens einst über die anderen Affen erhob. Der amerikanische Evolutionsbiologe Robert Trivers vermutet, daß ein Großteil der psychischen Grundausstattung des Menschen, inklusive der erstaunlichen Fähigkeit zu mathematischem Denken, von der natürlichen Auslese begünstigt wurde, weil schon unsere Urahnen immer ausgefeiltere Lügen ihrer Gegner und Konkurrenten durchschauen mußten, um zu überleben. »Die Auseinandersetzung mit der allgegenwärtigen Lüge, der Wettlauf zwischen Betrügern und Entlarvern«, schreibt der Anthropologe Volker Sommer, »war eine entscheidende Triebfeder für die Entwicklung von Sprache, Geist und Kultur. Dies ist die Botschaft, welche sich aus den Ergebnissen der Verhaltenforschung ableiten läßt.« Eine These, die auch Hubert Markl, Präsident der Max-Planck-Gesellschaft, teilt. Lüge und Betrug (und deren Entlarvung) seien, so Markl, integraler Bestandteil des Denkvermögens und damit auch der Wissenschaft. Denn nicht für den Erwerb lexikalischen Wissens habe sich das menschliche Gehirn so hoch entwickelt, sondern zum möglichst geschickten Täuschen.

Die Lüge wurde vom Menschen zwar immer weiter verfeinert und zur hohen Kunst erhoben. Sie ist aber dennoch uralt, eine Erbsünde der Evolution. An zahllosen Beispielen zeigt Sommer, daß auch Tiere schummeln, wo es nur geht (»Lob der Lüge«, 1992) und Schopenhauer irrte, als er schrieb: »Es gibt nur ein lügenhaftes Wesen auf der Welt: Es ist der Mensch. Jedes andere ist wahr und aufrichtig.« Der Philosoph liebte die Tiere, doch er unterschätzte sie offenbar. Dabei hätte er als Herrchen eines Pudels eigentlich wissen müssen, daß Lügen auch vier Beine haben können.

Der Amerikanische Insektenkundler James Lloyd lebte hundert Jahre später als Schopenhauer und machte sich weniger Illusionen über das Gute im Tier. An einem lauen Sommerabend des Jahres 1965 entdeckte er einen ganz besonderen Fall von Heimtücke – ein Exempel tierischer Arglist, daß jeden Romantiker verzagen läßt: Der scheinbar unschuldige Lichtertanz der Glühwürmchen, erkannte Lloyd, ist eine Inszenierung aus Lüge und Betrug.

Die im Volksmund Glühwürmchen genannten Tiere sind keine Würmer, sondern Leuchtkäfer. In der Paarungszeit weisen sich Männchen und Weibchen durch exakt abgestimmte Lichtsignale den Weg zueinander. Unter den fast 2.000 Arten gibt es jedoch räuberische Spezies, die den Blinkcode anderer Leuchtkäfer nachahmen. Fällt ein liebeshungriges Männchen auf ein falsches Signal herein, lauert statt einem willigen Weibchen ein Raubleuchtkäfer, der es mit kräftigen Kiefern zermalmt.

Doch wissen die Männchen um den möglichen Betrug. Sie nähern sich ihren Zielobjekten äußerst vorsichtig. Mehr noch: Sie selbst greifen zur Lüge, indem sie die allgemeine Furcht vor den Raubglühwürmchen nutzen, um ihre Geschlechtsgenossen auszutricksen. Ihrerseits imitieren sie die spezifischen Signale der Räuberart, wenn sie ein Weibchen anfliegen. Dieses Blinken bringt Konkurrenten dazu, sich nur sehr zögerlich zu nähern. So können die Lügner ungestört zur Begattung schreiten.

Die flunkernden Insekten bilden keine Ausnahme im Tierreich. Um Vorteile zu ergattern, sind Spinnen, Kraken und Affen zu jeder Hinterlist bereit. »Der Mensch«, so Volker Sommer, »ist nicht einmal beim Lügen die Krone der Schöpfung.« Tarnen, Täuschen, Bluffen und Tricksen gehören zur kommunikativen Grundausstattung der meisten Tiere. Die Motive der tierischen Lügner sind fast immer die gleichen. Sie wollen einen attraktiven Sexualpartner für sich gewinnen, Feinde und Konkurrenten ausschalten oder ein argwöhnisches Beutetier überlisten: Ganz ähnliche Beweggründe also wie bei schummelnden Menschen.

1862 beschrieb der britische Naturforscher Henry Bates erstmals das Phänomen Mimikry: Tiere imitieren das Aussehen anderer Arten, um daraus Vorteile zu ziehen. So verkleidet sich beispielsweise der Hornissenschwärmer, ein harmloser Falter, als gefährliches Stechinsekt. Seit Bates war allgemein anerkannt, daß die unterschiedlichen Arten mittels Lug und Trug gegeneinander konkurrieren. Doch seit den sechziger Jahren des 20. Jahrhunderts gelang es immer mehr Forschern, zu beobachten, wie Tiere auch ihre eigenen Artgenossen hinters Licht führen.

Dänische Verhaltensforscher fanden heraus, daß Schwalbenmännchen Feindrufe ausstoßen, wenn sie bei der Rückkehr zum Nest ihr Weibchen nicht vorfinden. Der falsche Alarm bewirkt, daß die Weibchen schnell angeflogen kommen und sich wieder aufs Nest setzen. Die Wissenschaftler vermuten, daß Männchen dies tun, um ihre Partnerinnen von Seitensprüngen abzuhalten.

Tatsächlich stellte sich heraus, daß die Männchen vereinzelt lebender Paare, wo also keine Gelegenheit zum Seitensprung besteht, den Trick nie anwenden. Auch in der Brutzeit, wenn die Weibchen ohnehin nicht in Liebeslaune sind, sparen sich die Männchen den falschen Alarm.

Ist solche Heimtücke angeboren, oder könnte es sein, daß höher entwickelte Tiere sogar bewußt lügen? Die Zoologen Richard Byrne und Andy Whiten behaupten das. Bei Forschern aus aller Welt sammelten die beiden Schotten über 250 Beobachtungen an Affen, denen eines gemeinsam war: Die Tiere verhielten sich so, daß es nahe lag, von einer bewußten Täuschung zu sprechen. Die Idee, solche Episoden zu sammeln, war Byrne gekommen, als er selbst in Südafrika mehrmals folgende Beobachtung machte: Ein jugendlicher Pavian schaute einem fremden, erwachsenen Weibchen beim Ausgraben schmackhafter Knollen zu. Er sah sich um und begann dann laut zu schreien, wie es Paviankinder tun, die bedroht werden. Im Nu war seine Mutter zur Stelle und jagte das unbekannte Weibchen davon. Darauf machte der Jungpavian sich über die Knollen her.

Zufall oder Kalkül? »Die Frage, ob Tiere ein Bewußtsein haben oder nicht, erhitzte bereits vor einem Jahrhundert die Gemüter«, sagt Volker Sommer. »Sie ist auch heute keineswegs vom Tisch und war und ist eng gekoppelt mit dem Problem, ob Tiere lügen können.«

Wer – enttäuscht von den verlogenen Tieren – die reine Unschuld jetzt im Pflanzenreich sucht, sollte sich nicht allzuviel Hoffnung machen. Auch Pflanzen lügen! Der Fliegenragwurz, eine Orchideenart, trägt eine Blüte, die Aussehen und Geruch bestimmter Fliegenweibchen imitiert. Männchen versuchen, die vermeintlichen Artgenossinnen zu begatten, und tragen so die Pollen von einer Pflanze zur anderen. Im Gegensatz zu ehrlichen Pflanzen spendiert der Fliegenragwurz den dienstbaren Insekten nicht mal ein Tröpfchen Nektar zu Belohnung.

Mit Lug und Trug sichern also Pflanzen und Tiere ihr Überleben im harten Kampf ums Dasein. Im Alltagsleben der meisten Menschen geht es glücklicherweise etwas beschaulicher zu als in der wilden Natur. Nur selten steht das Leben auf dem Spiel, wenn sie die Unwahrheit sprechen. Doch wenn's drauf ankommt, können Lügen auch Leben retten.

Therapeutische Lügen heilen Kranke. Ärzte reden nicht gern über diese Form der Behandlung, die tagtäglich Tausenden hilft und selbst bei schweren Leiden wirkt. Doch viele Arztpraxen und Krankenhäuser in aller Welt setzen Scheinmedikamente ein, Placebos genannt. Rund einem Drittel aller Patienten kann auf diese Weise geholfen werden. Manche Studien attestieren den Placebos sogar eine Erfolgsquote von 70 bis 90 Prozent. Dabei enthalten sie keinerlei pharmazeutische Wirkstoffe und bestehen zumeist nur aus Milchzucker oder Stärke.

Über die Hälfte aller Magen-Darm-Störungen lassen sich mit Placebos beheben, und – kaum zu glauben – fast 50 Prozent der Rheumafälle. Ein knappes Drittel der Migräneerkrankungen und fast ein Viertel der Menstruationsstörungen. Asthma, Arthritis, Dermatitis und Angina pectoris stehen ebenfalls auf der Liste der placebo-sensiblen Krankheiten. Bei Bluthochdruck hilft die Lügenmedizin immerhin 17 Prozent der Patienten, und 28 von Hundert Schmerzpatienten können ohne jeglichen pharmazeutischen Wirkstoff geheilt werden. Der amerikanische Arzt Henry Beecher kam dahinter, als ihm während des Zweiten Weltkrieges im Lazarett das Morphium ausging. Er spritzte den Verletzten Kochsalzlösung und erreichte bei einem Teil seiner Patienten damit die gleiche schmerzlindernde Wirkung. Anscheinend – so die Theorie – wurden die Verwundeten nach der Gabe des vermeintlichen Schmerzstillers von Endorphinen betäubt, körpereigenen morphiumähnlichen Substanzen.

Nun könnte man meinen, solche Lügenarznei helfe nur bei Leichtgläubigen, eingebildeten Kranken und neurotischen Jammerlappen. Nichts da. Alle wissenschaftlichen Versuche, eine spezifische Placebo-Persönlichkeit zu ermitteln, schlugen fehl. Selbst der größte Skeptiker kann mit dieser ärztlichen Geheimwaffe hinters Licht geführt und erfolgreich geheilt werden. Die einzige unabdingbare Voraussetzung für den Erfolg einer Lügentherapie: Der Patient darf sie nicht durchschauen. Ärzte sollten während der Behandlung deshalb einen Rat Voltaires befolgen: »Man muß wie der Teufel lügen, nicht zaghaft, nicht zu Zeiten, sondern mutig und immer.«

Trotz der ebenso erstaunlichen wie erfreulichen Erfolge lehnen manche Mediziner jegliche Placebo-Therapie kategorisch ab, weil dadurch das Vertrauen der Patienten ausgenützt würde und die Lüge kein Heilmittel sein dürfe. Womit wir wieder beim ethischen Idealismus eines Fichte angekommen wären, der die Tugend über das Leben stellte. Ein Glück nur, daß die meisten Menschen das achte Gebot nicht so sonderlich ernst nehmen. Bei einer Allensbach-Umfrage behaupteten nur 13 Prozent der Deutschen, sie würden nicht lügen. So bleiben uns viele Taktlosigkeiten, Grausamkeiten und nutzlose Wahrheiten erspart. Und das ist gut so.

Kapitel 13

Die Menschen sind gewöhnlich
viel besser als das, was sie denken, sagen oder tun.

Max Horkheimer

Sex and Drugs and New Economy

Wie Pornographie das Internet beflügelte und warum die Mafia legales Heroin fürchtet

Im Jahr 2000 folgte auf die Sektlaune der New Economy ein schmerzhafter Kater. Euphorische Anleger hatten den Börsenwert vieler Internetfirmen ins Astronomische gesteigert, pausenlos Kapital in Unternehmen gepumpt, die nichts als Verluste erwirtschafteten und lediglich Imageerfolge feierten. Dann platzte die Seifenblase. Dumm gelaufen.

Dabei wird – kleiner Geheimtip – im World Wide Web durchaus richtig Geld gemacht, jedoch von einer nicht ganz astreinen Branche. Die Zugmaschine des Internets – und damit der weltweiten Ökonomie – wird von Schmutzfinken in Gang gehalten. In den Rotlichtbezirken des Cyberspace wurden 1999 knapp drei Milliarden Mark umgesetzt. Rund 70 Prozent des gesamten Online-Umsatzes in Europa und den USA werden mit Schmuddeldiensten erwirtschaftet, schätzt das Forschungsinstitut Datamonitor. Einige große Pornoanbieter nehmen mehr als 250 Millionen Mark im Jahr ein. Den Treibstoff für den Motor der globalen Ökonomie liefern gegenwärtig einsame Masturbatoren mit Kreditkarte. So gesehen hat die moderne Informationstechnologie zu einer Renaissance der Handarbeit geführt – diese Ironie der Wirtschaftsgeschichte ist Mephistos Geniestreich. Volkswirte, Soziologen und Psychologen sollten einmal genauer darüber nachdenken.

Ins Leben gerufen wurde das Internet einst vom Pentagon. Die US-Militärs wollten ein dezentrales Computernetz, das auch nach einem Atomschlag der Sowjetunion funktionsfähig sein würde. Danach waren es Universitäten und Forschungsinstitute, die sich des Mediums bedienten und es weiterentwickelten. Jahrelang blieb die neue Kommunikationstechnologie auf die internationale Gemeinde der Naturwissenschaftler beschränkt. Dann kamen die Pornographen, und die Post ging ab. Ohne fleischhaltige Bildchen, Videoferkeleien und schummerige Chatrooms wäre Anfang der neunziger Jahre der Einzug des WWW in die Privathaushalte längst nicht so schnell verlaufen.

Fast jeder Internet-Benutzer, sagen die Experten, hat zumindest schon einmal aus Neugier ein Pornoangebot angeklickt. Etwa 20 Prozent schauen öfter mal auf Schmuddelseiten vorbei (90 Prozent davon sind – klarer Fall – junge Männer). Die ersten Ränge der beliebtesten Suchbegriffe in allen Suchmaschinen behaupten seit Jahren Wörter wie »Sex«, »Erotik« und allerlei verwandte Reizworte. Wer Anfang des Jahres 2000 das Stichwort »Sex« eingab, erhielt mehr als zwölf Millionen einschlägige Angebote. Auf ein einziges davon, eine kostenfreie Bildseite, klicken 250.000 Nutzer am Tag. Da hilft es auch nichts, wenn eine schwedische Reichstagsabgeordnete mahnt: »In einer wirklich zivilisierten Gesellschaft sollte das Interesse für einen erheblichen Teil des pornographischen Angebots gar nicht existieren.« Es existiert dennoch, und viele machen ein Geschäft daraus. Deutschlands großer Internet-Anbieter T-Online nahm bereits 1997 etwa 100 Millionen Mark durch Online-Bestellungen von Sexartikeln ein. Der Beate Uhse-Konzern machte 1999 circa 28 Millionen Mark Umsatz im Internet.

Dieser überragende Erfolg führte dazu, daß alle innovativen Techniken, wie Kreditkartenzahlung, Verschlüsselung, Anonymisierung oder neue Videoformate zunächst auf Pornoseiten ausprobiert wurden. Wenn die neuen Technologien sich dort bewähren, steigen auch andere Geschäftsleute ein. Erotikanbieter nutzen immer als erste neue, schnellere und teurere Datenleitungen. Sie gehören zu den Unternehmen, die sich immer sofort die neuesten Rechner kaufen. So verlieh Pornographie dem Internet Flügel.

Und was kam bei dieser globalen Ferkelei heraus? Was bewirkten all die WWW-Voyeure zwischen Salt Lake City, Teheran und Passau, die geschickt mit einer Hand die Maus bedienen und freigebig ihre Kreditkartennummern durch die Welt senden? Natürlich etwas Gutes und Unbeflecktes, sonst stünde dieses Exempel ja nicht in diesem Buch.

Das Internet erweist sich mittlerweile als Speerspitze der Gleichberechtigung, denn es schafft bessere ökonomische Chancen für Frauen! Die Internet-Wirtschaft begünstigt weibliche Karrieren in vielen Bereichen, stellte 1999 das US-Wirtschaftsmagazin »Fortune« fest (und meint damit nicht Dolly Buster und Kolleginnen). In Silicon Valley (Pardon, schon wieder doppeldeutig) und anderen Zentren der Netzwirtschaft rücken Frauen, so »Fortune«, zügiger in die Führungsetagen vor als in allen anderen Sparten der Ökonomie. Ganz zu schweigen von den besseren Erwerbsmöglichkeiten für Mütter, die dank Internet häusliche Nebenjobs annehmen können. Das alte Vorurteil über »Frauen und Technik« bröckelt. Mitte des Jahres 2000 waren in den USA bereits mehr als die Hälfte US-Amerikaner, die im Web surfen, weiblich (50,4 Prozent laut Washington Post). Allein 1999 nahm die Zahl der Frauen, die das Internet nutzen, um ein Drittel zu.

Da lacht Mephisto, und die Feministin wundert sich: Eine Technologie, die zunächst für Militärs entwickelt und dann von

Pornographen zum Volltreffer gemacht wurde, entpuppt sich als berufliches Sprungbrett für Frauen. Darf das sein? Die Frage kann man sich auch sparen. Es ist so.

Neben seiner Wirkung als Motor der Weltwirtschaft und heimlicher Wegbereiter der weiblichen Emanzipation erweist sich das anarchische Kommunikationsmedium als schnelle Waffe für Menschenrechtsgruppen in aller Welt. Gäbe es die Berliner Mauer noch – sie könnte das Internet nicht aufhalten. Diktatoren wie der abgesetzte indonesische Herrscher Suharto werden heutzutage immer häufiger von einer neuen Allianz aus Humanisten und Hackern attackiert. Der elektronische Protest »steht in der Tradition des zivilen Ungehorsams von Gandhi und Martin Luther King«, sagt Ricardo Dominguez vom »Electronic Disruption Theater«, einer US-amerikanischen Gruppe, die »Sit-ins« auf Web-Seiten veranstaltet. Im Frühjahr 2000 sorgten Bürgergruppen in Südkorea für einen überaus munteren Wahlkampf, als sie die Namen von 164 unfähigen und korrupten Abgeordneten ins Netz stellten. »Der Effekt war unglaublich«, sagt Bürgeranwalt Lee Seog-yeon, »so viele Anrufe von Leuten, die uns unterstützen wollten, so viele Hilfsangebote.« So entsteht im Sauseschritt eine neue Art kollektiver Wissensorganisation. Jeden Tag tauschen die weltweit rund 45 Millionen Internetrechner eine Informationsmenge aus, die dem Umfang aller Druckerzeugnisse des gesamten 19. Jahrhunderts entspricht.

Vermutlich haben die elektronischen Pornodienstleister keinen Dunst von ihrer segensreichen Wirkung als globale Avantgarde. Und wenn, wäre es ihnen ziemlich schnurz, solange die Kasse stimmt. Ihr ökonomischer Erfolg basiert auf einer einfachen Erkenntnis: Menschliche Triebe bahnen sich hartnäckig ihren Weg – auch durch den Cyberspace.

Und auch eine zweite menschliche Schwäche erwies sich stets als resistent gegen alle Verbote, Tabus und Warnungen: die Lust am Rausch. Steckt hier etwa auch ein Mephisto? Wir meinen ja. Demjenigen, der Zweifel an der heutigen Drogenpolitik äußert, dem tritt sofort ein Chor entrüsteter Moralisten entgegen, die das Bild eines toten Fixers auf dem Bahnhofsklo hochhalten: Ende der Diskussion, Drogen gehören verboten. Doch die Alternative zum Schlechten muß keineswegs gut sein. Sie kann auch noch schlechter sein. Der große Schweizer Ethnologe und Psychoanalytiker Paul Parin ließ sich nicht einschüchtern. »Natürlich gibt es inzwischen Drogen-Kriminalität, die nicht wünschenswert ist«, sagte er in einem Interview, »aber warum denn? Weil man die Suchtstoffe verboten hat. Dieses Verbot hat begünstigt, daß Verbrecher mit Drogen viel zuviel Geld verdienen und daß sie von einem immer größeren Polizeiapparat verfolgt werden. Da hat sich ein System selbst erschaffen. Wenn man an Morphium nicht mehr verdienen könnte als an einem Bier, dann wäre das ganze Suchtproblem nicht entstanden.«

Die Geschichte der Prohibition in Amerika der zwanziger Jahre gibt ihm recht. Erst durch das Alkoholverbot entstand das Gangsterunwesen. Viele starben an selbstgebranntem Fusel oder wurden süchtig. Als das schädliche Gesetz wieder aufgehoben wurde, stieg der allgemeine Alkoholkonsum etwa zwei Monate lang an und sank dann wieder auf Normalpegel.

Ganz ähnlich wie Parin argumentierten der Nobelpreisträger Milton Friedman und seine Frau Rose in einem Aufsatz aus den achtziger Jahren. Obwohl sie selbst keine Drogen nehmen, weisen die beiden großen Ökonomen schlüssig nach, daß eine Freigabe für die Gesellschaft als Ganzes wesentlich vorteilhafter wäre. »Unsere Überzeugung, daß es wünschenswert ist, Marihuana und alle anderen Drogen zu legalisieren«, schrieben sie, »ist nicht davon berührt, ob diese Drogen schädlich sind oder nicht. Sie mögen für den Konsumenten noch so schädlich sein, aber nach reiflicher Überlegung sind wir zu dem Schluß gekommen, daß ihr Verbot sowohl den Konsumenten als auch uns anderen Bürgern noch mehr schadet. Die Legalisierung der Drogen würde zugleich die Anzahl von Verbrechen reduzieren und die Strafverfolgung erleichtern.«

Wie Parin argumentieren Rose und Milton Friedman einerseits aus der praktischen Erfahrung der Prohibition, die die Achtung vor dem Gesetz unterminierte, seine Hüter korrumpierte, ein Klima der moralischen Dekadenz schuf und obendrein den Alkoholkonsum anheizte. Als überzeugte Liberale stellen sie aber auch die Frage, ob der Staat überhaupt ein Recht besitzt, erwachsene Menschen am Genuß von Rauschmitteln zu hindern. Wie immer man diese Frage beantwortet, Fakt ist, daß es den Süchtigen wesentlich besser ginge, wenn die Verbote aufgehoben würden. Denn dann wären sie nicht mehr gezwungen, sich an Verbrecher zu wenden, um den Stoff zu beschaffen, oder selbst zu Verbrechern zu werden, um ihre Sucht zu finanzieren. Das ständige Risiko, durch schmutzige Spritzen und schlechte Qualität der Rauschmittel krank zu werden oder sogar daran zu sterben, würde ebenfalls erheblich sinken.

Das Ehepaar Friedman argumentiert, daß in den achtziger Jahren ein Drittel bis die Hälfte der Gewalt- und Eigentumsdelikte in den USA von Abhängigen begangen wurde oder mit Kämpfen rivalisierender Drogenhändlerbanden zu tun hatte. Mit der Legalisierung verbotener Rauschmittel, so das Fazit der Wirtschaftswissenschaftler, könne man zwei Fliegen mit einer Klappe schlagen: Der Mafia die wichtigste Ressource entziehen und die Schlagkraft der Polizei erhöhen.

Das Bild, das wohlwollende Volkspädagogen in den Massenmedien vom Drogenkonsum zeichnen, ist ebenso stereotyp wie einseitig. Der tausendfach fotografierte tote Fixer auf der Bahnhofstoilette hat mehr mit der Kriminalisierung bestimmter Rauschmittel zu tun als mit deren Wirkung (die Konsumenten sterben zumeist durch schmutzigen Stoff von kriminellen Dealern).

Besonders bei Haschisch und Marihuana steht die Angstmache in keinem Verhältnis zur Rauschwirkung und zur Gesundheitsgefahr (so sind Todesfälle weltweit unbekannt). Und selbst bei harten illegalen Drogen (Heroin, Kokain) sind die Risiken in etwa so hoch wie bei exzessivem Konsum von ganz legalem Schnaps. Fast jeder achte EU-Einwohner hat schon mal gekifft, bei den Teenagern sogar nahezu jeder zweite. In den USA dürfte die Konsumentenzahl ähnlich hoch liegen. Geht deshalb die westliche Welt unter? Verfällt die Kultur, siecht die Volksgesundheit? Quatsch.

»Gibt es nicht sogar ein Recht auf Rausch?« fragte die taz-Redakteurin Silke Mertins ganz zu Recht in einem Kommentar zur rot-grünen Drogenpolitik. Die gehe, so Mertins, von einem seltsamen Menschenbild aus, in dem sie ein »suchtmittelfreies Leben« (Drogenbeauftragte Christa Nickels) als einzig erstrebenswertes Ziel postuliere. »Der Nickelssche Verteufelungsansatz«, so Mertins, »ist wirklichkeitsfremd und gemessen daran, daß grüne Drogenpolitik auch schon mal weiter war, rückwärtsgewandt. Er ist antiliberal in dem Sinne, daß wieder nur der Staat weiß, was gut für den einzelnen ist. Das Ziel, nämlich die Republik in eine drogenfreie Gesellschaft zu verwandeln, klingt wie eine Drohung.«

Erwachsene Menschen könnten – wenn man sie denn ließe – mit Marihuana genauso gut oder schlecht umgehen wie mit Tabak. Opium zerrüttet die Gesundheit nicht schlimmer als Alkohol. Gerade bei alten Menschen würden Opiate und Cannabisprodukte – wenn sie denn legal wären – Gebrechen lindern und dunkle Stimmungen aufhellen. Paul Parin forderte deshalb völlig zu Recht, alte Menschen »sollen Drogen bekommen, wenn sie es selber wollen«. Das moralische Tabu, das um den Genuß der meisten Rauschmittel aufgebaut wurde, verhindert kein Suchtelend, fördert aber unnötiges Leid, welches durch maßvollen und bewußten Drogenkonsum minimiert werden könnte. 1999, als

Parin selbst schon 83 war, outete er seinen Exlehrer, den Medizinnobelpreisträger Otto Loewi (1873–1961), als überzeugten Drogenuser. Mit über achtzig genoß der angesehene Wissenschaftler die Wonnen von Speed und Opiaten, mit denen er seine Altersleiden dämpfte.

Manche Suchtexperten gehen endlich in die Offensive. Zum Beispiel Professor Klaus Hurrelmann von der Fakultät für Gesundheitswissenschaften an der Universität Bielefeld. Nach jahrelangen Untersuchungen der jugendlichen Drogenszene lautet sein Fazit: »Jede Form des Drogenverbots ist in der Vergangenheit gescheitert. Dies wird auch bei der heutigen Verbotspolitik gegenüber Cannabis, Ecstasy, Speed, Heroin und Kokain nicht anders sein.« Hurrelmann fordert die Legalisierung aller Rauschmittel, am besten gekoppelt an eine strenge Kontrolle der Produkte und der Verkaufswege. An der gängigen Doppelmoral läßt der Gesundheitswissenschaftler kein gutes Haar. Den alltäglichen Umgang mit Tabak und Alkohol in Deutschland charakterisiert er als eine »permissive Drogenkultur mit nichtfunktionierendem Jugendschutz«. Alkohol, so fand seine Forschungsgruppe heraus, ist in der Hälfte aller Fälle die Einstiegsdroge für den späteren Konsum illegaler Substanzen.

Unlängst wagte endlich ein US-amerikanischer Politiker, die heuchlerische und wirkungslose Gesinnung der moralischen Mehrheit anzuzweifeln. Jesse Ventura, Gouverneur von Minnesota, bekannte sich öffentlich zur Legalisierung von (immerhin) Marihuana und Prostitution. Solche Ansichten kommen in den frommen Vorstädten der Vereinigten Staaten so gut an, als würde ein Politiker vorschlagen, Florida an Kuba zu verkaufen. Dennoch feierte Ventura politische Erfolge. Wer sich für einen rationaleren Umgang mit Drogen und Prostitution ausspricht, muß wohl wie er Kampfschwimmer und Catcher gewesen sein, um nicht sofort als sittenloses Weichei abgestempelt zu werden. Logik und Vernunft gelten bei den reaktionären Bibelschwingern der Vereinigten Staaten bereits als liberale Verfallserscheinungen. Dabei sagt Gouverneur Ventura nur, was der jahrzehntelange vergebliche Kampf gegen Drogen längst bewiesen hat. »Wo es Absatzmärkte gibt, fließt Nachschub – gleichgültig ob legal oder illegal.« Seine politische Devise lautet: »Dummheit läßt sich nicht per Gesetz aus der Welt schaffen.« Dem möchten wir nichts hinzufügen.

Kapitel 14

Faulheit ist die Mutter
der Künste und edlen Tugenden.

Paul Lafargue

Das Recht auf Faulheit

Vom Segen des Nichtstuns und der unterlassenen Hilfeleistung

Der junge britische Kolonialoffizier John Cowperthwaite machte sich kurz nach dem Zweiten Weltkrieg auf den Weg nach Südostasien. Er war vom britischen Empire abgeordnet worden, die Beamten in Hongkong beim Aufbau einer Verwaltung zu beraten. Die Stadt empfing ihn mit schwüler, stinkender Hitze, auch was er sah, dämpfte seine Euphorie: Infrastruktur und Wirtschaftsleben waren von der japanischen Besatzungsmacht gründlich ruiniert worden. Zu allem Überfluß wurde die Stadt vom kommunistischen Festland her durch Flüchtlingswellen überrannt. Der Lebensstandard entsprach in etwa dem von Ghana. Doch Hoffnungen auf Entwicklungshilfe und Kredite brauchte sich niemand zu machen: England hatte mit sich selbst genug zu tun. Alle Weichen für Armut, Elend und Ausbeutung waren somit gestellt. An den Aufbau eines Sozialsystems dachten die Engländer noch nicht einmal im Traum. Motto: Was geht uns die Armut von Chinesen an? Cowperthwaite unternahm in seinem neuen Amt, was ihm am einfachsten schien: nichts.

Doch alsbald machte er eine überraschende Feststellung: Die chinesische Bevölkerung wußte sich ganz gut ohne Ratschläge oder Vorschriften der Engländer zu helfen. Es ging wirtschaftlich deutlich bergauf. Cowperthwaite wurde dafür mit dem Aufstieg zum leitenden Sekretär für die Finanzen der Stadt belohnt. Er faßte den klugen Entschluß, sein Erfolgsrezept beizubehalten: Er tat auch weiterhin nichts. Nur die absolut nötigsten Rahmenbedingungen wurden geschaffen: ordentliche Gerichte, Vertragsrecht, ein paar einfache Gesetze, eine strenge, nicht allzu korrupte Polizei. Cowperthwaite vermied strikt bürokratische Einmischungen in das Wirtschaftsgeschehen. Er untersagte seinen Beamten sogar, das Bruttosozialprodukt zu ermitteln, weil er befürchtete, die Zahlen könnten Neid wecken oder sonstwie Arbeit machen. Er verzichtete auf Zölle und interessierte sich nicht dafür, wieviel Geld ins Land kam oder hinausging.

50 Jahre später will der Herausgeber der größten chinesischen Zeitung in Hongkong dem legislativen Müßiggänger John Cowperthwaite ein Denkmal setzen: In tiefer Bewunderung und Dankbarkeit für dessen konsequentes Nichtstun. Der Grund für den späten Ruhm des Briten: Weil er die Menschen einfach machen ließ, stieg Hongkong an die dritte Stelle der asiatischen Wohlstands-Nationen auf (nach Japan und Singapur). Das Bruttoinlandseinkommen liegt pro Kopf bei 25.200 Dollar. Zum Vergleich: In der Volksrepublik China erwirtschaften die gleichen Menschen pro Kopf dreißigmal weniger, nämlich nur 860 Dollar. Selbst die sich überlegen dünkende Kolonialmacht Großbritannien wurde von Hongkong abgehängt und folgt abgeschlagen mit 20.870 Dollar (Stand 1997).

Die Leistung von Hongkong kann gar nicht hoch genug bewertet werden: Von seinen Bewohnern abgesehen, besitzt die Stadt keine Rohstoffe, selbst Wasser muß importiert werden. Es herrscht außerdem große Enge, in Hongkong leben auf einem Quadtratkilometer rund 6.500 Menschen (auf dem chinesischen

Festland 130). Das »Laisser-faire« (»Machenlassen«) der Engländer, ursprünglich aus schnödem Desinteresse geboren, erwies sich für die Hongkong-Chinesen somit als historischer Glücksfall. Für historisches Pech sorgten die Engländer bei sich selbst: Sie gingen nach dem Krieg mit großem Einsatz daran, ihre heimatliche Wirtschaft und Industrie durch staatliche und gewerkschaftliche Fürsorge zu vernichten, was weitgehend von Erfolg gekrönt war.

Ganz anders in Hongkong: Hier gab es nur zwei bescheidene und einfach zu erhebende Steuern: 15 Prozent auf das Bruttoeinkommen des einzelnen und 16,5 Prozent auf Unternehmensgewinne. In Hongkong gingen nicht einmal 18 Prozent des Brutto-Inlandsproduktes durch staatliche Hände (in Deutschland das Dreifache). Die Einnahmen genügten für den Bau von Straßen, eine bescheidene Infrastruktur und Schulen. Die Bildungseinrichtungen erfreuten sich größten Zuspruches, weil die Jugend wußte: Ohne Abschluß landest du auf der Straße. Hongkong gab nicht einmal 1,2 Prozent seines Staatshaushaltes für Sozialhilfe oder Subventionen nichtprofitabler Betriebe aus.

Die Stadt ist kein Hort der Gleichheit, die Unterschiede zwischen Arm und Reich sind sogar riesig. Zu allem Überfluß werden sie protzig mit der weltweit höchsten Rolls-Royce-Dichte dokumentiert (was allerdings niemanden stört, weil auch der Tagelöhner davon überzeugt ist, eines Tages einen Rolls-Royce zu besitzen). Die sozialen Verhältnisse in Hongkong erscheinen aus europäischer Sicht nicht unbedingt erstrebenswert. Ganz anders liegt der Fall aus der Sicht armer Länder, die 1950 in einer vergleichbaren Position starteten. Auch die untersten Schichten in Hongkong genießen mehr Wohlstand und Freiheitsrechte, als man andernorts zu träumen wagt. Die meisten mit hohem moralischen Anspruch gestarteten Favoriten der Dritte-Welt-Bewegung in Asien, Afrika und Lateinamerika hinterließen bestenfalls Armut, schlimmstenfalls sogar Hunger, Krieg und Völkermord

– und dies trotz gigantischer Summen westlicher und östlicher Entwicklungshilfe.

Fürsorge, die sich darin erschöpft, nichts zu tun, mag einen schlechten Ruf besitzen, aber sie funktioniert. Dies beweist der Vergleich der Hongkong-Chinesen mit ihren ebenso intelligenten, geschäftstüchtigen und fleißigen Brüdern und Schwestern auf dem chinesischen Festland. Getreu dem Motto »Liebe deinen Nächsten« wurde diesen jegliche Eigeninitiative von einer bürokratischen Planwirtschaftsmaschinerie ausgetrieben. Allein die Kollektivierung der Landwirtschaft Ende der fünfziger Jahre, der sogenannte »Große Sprung nach vorn«, endete mit über zwanzig Millionen Hungertoten. Nachdem Hongkong an die Chinesen übergeben worden ist, wird es jetzt spannend. Das Beste, was die neuen Machthaber der Stadt antun könnten, wäre weiterhin: nichts tun. Leider sieht es so aus, als ob sie das nicht schaffen: Staatsausgaben und Steuern steigen seit Mitte der neunziger Jahre an, und mit der Wirtschaft geht es bergab.

Die Erfolgsgeschichte von Hongkong gilt heute als Lehrbuchbeispiel für die segensreiche Wirkung staatlichen »Laisser-faire« und die Eigendynamik nur wenig regulierter Gesellschaften. Doch die Tugend des Machenlassens ist unter den Bürokraten und Politikern erstaunlich unterentwickelt. Gerade in Deutschland müssen kluges Nichtstun und Nichteinmischen erst gelernt werden. »Den Abgeordneten gilt der Gesetzesausstoß als Leistungsbeweis«, sagt der Juraprofessor Ulrich Karpen über den deutschen Bundestag. Und weil niemand als faul gelten will, sind die Ergebnisse verheerend: »In der Zeit von 1948 bis 1998 sind 5.500 deutsche Gesetze sowie 18.000 Verordnungen entstanden, alles in allem etwa 85.000 Paragraphen.« Im Steuerrecht kommen jedes Jahr 40 neue Erlasse, 200 Bundesfinanzhofurteile, 1000 Durchführungsverordnungen und 3000 Finanzgerichtsurteile hinzu. Alle Versuche, dieser Hydra die Köpfe abzuschlagen, waren bislang vergebens.

Allein die Bewältigung der staatlichen Bürokratie kostet ein Unternehmen im Jahr durchschnittlich 93.000 Mark. Am schlimmsten ist es für Kleinunternehmen und Handwerker, die im Schnitt 6.800 Mark dafür bezahlen müssen, daß man ihnen das Leben schwer macht (die deutsche Ausbildungsverordnung für Gärtner ist 74 Seiten lang). Auf 1000 Deutsche kommen inzwischen nur noch 47 Selbständige, aber bereits 40 Staatsdiener. Das heißt praktisch: Einer schiebt in Deutschland die Schubkarre und einer kontrolliert ihn dabei. Doch damit nicht genug: Nummer eins bezahlt Nummer zwei dafür, daß sie ihm im Weg steht. »Es leuchtet unmittelbar ein, daß eine solchermaßen organisierte Gesellschaft Schwierigkeiten hat«, kommentiert McKinsey-Europa-Chef Herbert Henzler.

Im Wege stehen kann jeder, Nichtstun will gelernt sein. Teilen wir die Menschen einmal ganz grob in Fleißige und Faule, Intelligente und Dumme ein. Wer macht was am besten? Und wer läßt was am besten sein? Für die Produktion von Wohlstand (also für die Schubkarre) würde eine Gesellschaft selbstverständlich am liebsten nur auf intelligente und fleißige Menschen zurückgreifen. Doch die sind nun einmal eine Minderheit. Das macht aber nichts: Die intelligenten und faulen Zeitgenossen haben zwar einen schlechten Ruf, sind aber von nicht minder großem Nutzen. Der Hauptvorteil dieser Schlawiner liegt darin, daß sie ständig darüber nachdenken, wie sich Arbeit vermeiden läßt. Johannes Gutenberg etwa war zu faul, um Bücher abzuschreiben, Karl Benz war zu faul, zu Fuß zu gehen. Der Abakus, der Taschenrechner und der Computer wurden erfunden, weil intelligente Menschen zu faul zum Kopfrechnen waren.

Intelligente, aber faule Menschen sind auch für Regierungen und Verwaltungen ein echter Segen, weil sie all die anderen, die ihre Arbeiten machen wollen, in Ruhe lassen. Als Fallbeispiel hierfür mag der schlecht beleumundete EU-Kommissar Martin Bangemann fungieren. Dem guten Leben aufgeschlossen, förderte er in jeder Hinsicht die kreative Freizeitgestaltung seiner Mitarbeiter und seiner selbst. Seine üppige Barockfigur wurde abwechselnd in Brüsseler Freßtempeln, auf seiner spanischen Finca oder seinem Segelschiff gesichtet, so gut wie nie aber hinter seinem Schreibtisch. Seinem eigentlichen Aufgabengebiet, der Deregulierung der europäischen Telekommunikationslandschaft, tat Bangemanns Freizeitverhalten ausgesprochen gut. Er kontrollierte nichts und niemanden (wann denn auch?). Der Deregulierung des Telefongeschäftes in Europa stand der Dreizentner-Mann jedenfalls nicht im Wege. Das segensreiche Nichtwirken des schillernden und vorzeitig beurlaubten Faulpelzes kann heute jeder Bundesbürger auf seiner Telefonrechnung ablesen. Hinzu kommt: In gleichem Maße, wie die Gebührenrechnung sank, stieg die Zahl der Beschäftigten in der Telekommunikationsbranche. Auch wenn die Einsicht weh tut: Nichtstun schafft Arbeitsplätze. Martin Bangemann gab seiner Segeljacht übrigens einen hintergründigen Namen: »Mephisto«.

Nun gibt es nicht nur clevere, sondern auch eine Menge dummer Zeitgenossen, die in eine Gesellschaft eingebunden werden wollen. Sind sie dumm und zugleich faul, handelt es sich meist um nette und wenig gestreßte Menschen, die vielfältig verwendbar sind. Beispielsweise als Präsidentendarsteller. Denken wir nur an Ronald Reagan. Ob er wirklich beschränkt war oder manchmal nur so tat, kann man bei einem Schauspieler natürlich nie wissen. Biographen aus seinem Umfeld beschreiben ihn jedenfalls als »uninteressiert« und ziemlich faul. Reagan, so wird kolportiert, war der erste Präsident der USA mit Dienstzeiten von 9 bis 17 Uhr (am Wochenende geschlossen). Doch die Amerikaner blicken auf seine Amtszeit mit Wohlwollen zurück. So prosperierte die Wirtschaft, und Reagan vermied – von einigen Scharmützeln abgesehen – jeglichen Krieg (wahrscheinlich, weil dann nach Feierabend so oft das Telefon klingelt).

Ein wirklich bedrohliches Kaliber sind hingegen dumme

Menschen, die obendrein zum Fleiß neigen. Kombiniert können sich diese beiden Eigenschaften zum fleischgewordenen GAU auswachsen. »Sie ruinieren alles, jede Firma, jede Organisation, jede Beziehung«, sagt der Unternehmensberater Otto Buchegger, »und sie sind kaum zu bremsen in ihrem Drang, alles zu vernichten.« Die Anzahl der Dummen dürfte in Deutschland nicht größer sein als anderswo. Die Anzahl der Fleißigen wahrscheinlich auch nicht. Problematisch scheint uns aber die Tatsache, daß sich offensichtlich eine große Zahl fleißiger Menschen in Regierungsämtern, Behörden und Verwaltungen massiert, wo sie fleißig dumme Dinge tun. Wer käme sonst auf die Idee, die Bürger eines Landes mit 5.500 Gesetzen und 85.000 Paragraphen zu malträtieren? Vorschlag zur Weiterbildung: Da sich Dummheit nicht beseitigen läßt, sollte wenigstens der Fleiß entsorgt werden.

Fleiß ohne Sinn und Verstand treibt ja mittlerweile die seltsamsten Blüten: Früher haben Menschen gearbeitet, um Geld zu verdienen. Heute scheut der Staat keine Kosten, damit Hunderttausende in »Arbeitsbeschaffungsmaßnahmen« Arbeit simulieren. Wie Hamster im Rädchen werden sie fit für reguläre Arbeitsplätze gemacht, die es für sie nicht gibt. Hinzu kommen nach Angaben des Kieler Instituts für Weltwirtschaft allein in Deutschland etwa 370 Milliarden (!) Mark an staatlichen Subventionen, die zu einem erheblichen Teil in unwirtschaftliche Branchen wie Landwirtschaft, Bergbau oder Fischerei nebst großindustriellen Subventionsabzockern und den dazugehörigen bürokratischen Wasserkopf gepumpt werden. Auch hierbei handelt es sich um Bezahlung für unsinnige Arbeit, die obendrein oft die Umwelt plündert oder schädigt. Im angelsächsischen Sprachgebrauch wurde dafür der Begriff »perverse subsidies« (perverse Subventionen) geprägt.

»Nichtstun ist in den Ferien viel teurer als am Arbeitsplatz«, lautet eine Einsicht geplagter Pauschalreisender. Für zahlreiche

Beschäftige in Deutschland und Europa gilt inzwischen das Gegenteil: Es wäre für alle billiger und besser, sie sofort nach Mallorca zu schicken. Doch man stelle sich den öffentlichen Aufschrei vor! Nichtstun ist nämlich nur dann gesellschaftlich akzeptiert, wenn es freiwillig geschieht. In den diversen Fragebögen der Zeitungen und Zeitschriften verraten vielbeschäftigte Promis jeder Art gerne ihren Traum von »mehr Muße«. Von FDP-Generalsekretär Guido Westerwelle (»sich ohne Termine treiben lassen«) bis zum langjährigen Greenpeacechef Thilo Bodo (»nichts Schöneres als Nichtstun«) gehört der Wunsch nach Faulheit zum imagefördernden Repertoire. Arbeitslose werden hingegen für den gleichen Tatbestand gesellschaftlich verachtet. »Muße als solche erhebt nicht in gesellschaftlichen Rang – geadelt wird man erst durch den täglichen Streß, der die Faulheit zur Sehnsucht macht«, schreibt Ulrike Herrmann in der »taz«.

Von Arbeitslosen wird hingegen verlangt, daß sich ihr gesamtes Sinnen und Trachten um die Arbeit dreht – beziehungsweise um ihre Beschaffung. Es wurde daher ein gigantisches System von Scheinlöhnen und Scheinbeschäftigungen installiert, nur um politische Statistiken zu schönen und ein Trugbild aufrechtzuerhalten. Damit ja niemand auf die Idee kommt, wir faulenzen, erfinden wir ständig neue Arbeit, die keine ist. Das läßt sich sogar an unserer Sprache erkennen. Der Schriftsteller Eckhard Henscheid hat in seinem Buch »Das Jahrhundert der Obszönität« auf zwei eng beschriebenen Seiten durchgeknallte Arbeitsbegriffe gesammelt: »Annäherungsarbeit«, »Beziehungsarbeit«, »Friedenssarbeit«, »Kulturarbeit«, »Partnerarbeit«, »Projektarbeit«.

Selbst die vor wenigen Jahrzehnten noch weit verbreitete – und Gott sei Dank weitgehend verschwundene – schwere körperliche Arbeit wird künstlich wieder zum Leben erweckt. Mittlerweile fünf Millionen deutsche Fitneß-Clubmitglieder zahlen hohe monatliche Beiträge für die Simulation schweißtreibender Knochenarbeit, anstatt wie Opa im Akkord dafür bezahlt zu werden. Und die Krankenkassen zahlen dann noch einmal für reihenweise auftretende Bänderrisse und Bandscheibenschäden.

Der Berliner Spaßguerilla der »glücklichen Arbeitslosen« geht das Getue mit der Arbeitsmoral inzwischen gründlich auf den Geist. Statt dumm herumzuhocken und Unzufriedenheit zu heucheln, plädieren sie dafür, Arbeitslose sollten sich lieber einen schönen Lenz machen: »Immerhin verfügen alle Arbeitslosen über eine preiswerte Sache: Zeit. Das könnte ein historisches Glück sein, ein vernünftiges, sinn- und freudvolles Leben zu führen.« Zur Schau gestellte Freude am Nichtstun würde zwar – wie gesagt – jeden anständigen Steuerzahler auf die Palme bringen, käme ihn aber erheblich billiger. Die Anarcho-Arbeitslosen schreiben in ihrem Manifest: »Man rechne einmal nach, wieviel Geld insgesamt von den Steuerzahlern und Betrieben für Arbeitslosigkeit offiziell ausgegeben wird, und dividiere diesen Beitrag durch die Zahl der Arbeitslosen: Na, da sind eindeutig mehr Nullen dran, als wir auf unserem Konto finden, nicht wahr?«. Und wer weiß, vielleicht würde das Mephisto-Prinzip auch hier überraschende Wendungen nach sich ziehen. Die Stütze-Spontis wollen es jedenfalls nicht ausschließen: »Es kann auch passieren, daß ein Grüppchen von Arbeitslosen dermaßen glücklich und erfolgreich wird, daß sie sich in glückliche Geschäftsmenschen verwandeln.« (Das Leben ist eben voller Risiken).

Schon Aristoteles meinte durchaus sehnsuchtsvoll: »Wenn jedes Werkzeug seine eigene Funktion selbst erfüllen könnte, wenn zum Beispiel das Weberschiffchen allein wirken könnte, dann würde der Werkmeister keine Gehilfen brauchen, und der Herr keine Sklaven.« Bei alten Griechen war Beschäftigungslosigkeit ein Kennzeichen der Oberschicht, Arbeit indes Sklavensache.

Nun kommt die Menschheit auf dem Weg zu diesem Traum voran und Maschinen schicken sich an, uns mehr und mehr Arbeit abzunehmen. Im statistischen Durchschnitt verbringt ein

Deutscher nur noch 9 Prozent seiner Lebenszeit mit tatsächlicher Erwerbsarbeit. Viele Menschen leben heute wie einst nur die privilegierten Bürger Athens, wollen oder dürfen sich aber nicht so fühlen. Alle empfinden das Nichtstun plötzlich als Alptraum, weil sich die sozialen Normen nicht so schnell wie die Technik gewandelt haben. Die Gesellschaft war nie so sehr auf Arbeit als Zentrum des Lebens fixiert wie heute, wo sich die gewohnte lohnabhängige Beschäftigung allmählich in Wohlgefallen auflöst.

Auch die kommunistische Utopie erwartete einst nichts sehnlicher als die Abschaffung der Arbeit. Doch schon Karl Marx wollte die Proletarier nicht mehr von der täglichen Plackerei befreien. Der Kapitalismus erschien ihm nur zu unproduktiv. Planungsbeamte sollten nach seiner Ansicht die Fabriken übernehmen, damit die Arbeit effektiver organisiert werden konnte. Stalin trieb später die Marxsche Arbeitswut auf die Spitze. Der blutrünstige Georgier machte die Arbeit zur religiösen Kulthandlung, befahl den sozialistischen Wettbewerb und ließ Millionen von Zwangsarbeitern sich zu Tode schuften.

Heute vergöttert die gesamte Gesellschaft Arbeit als Selbstzweck und propagiert ein »Recht auf Arbeit«. So etwas nennt man Angstfleiß. Dem setzte Paul Lafargue einst sein »Recht auf Faulheit« entgegen. Der Schwiegersohn von Karl Marx schrieb: »Eine seltsame Sucht beherrscht die Arbeiterklasse aller Länder ... Es ist dies die Liebe zur Arbeit, die rasende bis zur Erschöpfung der Individuen und Nachkommenschaft gehende Arbeitssucht. Statt gegen diese Verirrung anzukämpfen, haben die Priester, die Ökonomen und die Moralisten die Arbeit heiliggesprochen.« Selbst die Freizeit galt es alsbald mit sogenannten »sinnvollen« Beschäftigungen auszufüllen. Ein Nickerchen wird inzwischen durch die Erfindung der »schöpferischen Pause« zum integralen Bestandteil der Arbeit erhoben.

Wie jede menschliche Erfindung, so wird vielleicht auch die Arbeit (in unserem heutigen Sinne) von etwas anderem abgelöst.

Die Mitglieder urtümlicher Gesellschaften kennen den Unterschied zwischen Arbeit und Freizeit ja bis heute nicht. Ein Hirte, der unter einem Baum liegt und Kühe bewacht, arbeitet nicht in unserem Sinne. Er wird das Liedchen, das er pfeift, vielleicht für viel wichtiger halten, als seine Hütetätigkeit. Als unsere Vorfahren noch Sammler und Jäger waren, hatten sie einen Vierstundentag, ohne das Wort Gewerkschaft überhaupt zu kennen.

Irgendein von Zukunftsängsten geplagter Mensch erfand dann in der Jungsteinzeit die Landwirtschaft. Die Bauern mußten zwar mehr malochen als ihre sammelnden und jagenden Großväter. Doch heutige Arbeitsnormen erreichten sie dabei noch lange nicht. »Bauern früherer Epochen arbeiteten nicht soviel wie heutige Arbeiter und Angestellte. Besonders im Winter hatten sie sehr wenig zu tun«, erklärt der Wirtschaftswissenschaftler Volker Stamm, der die Ursprünge der Arbeitsgesellschaft erforscht hat. Eine Ausdehnung des Tages durch elektrisches Licht war nicht möglich. Wenn es dunkel wurde, mußte alle Arbeit ruhen.

Erst mit der Neuzeit hielt die protestantische Arbeitsmoral Einzug. Martin Luther mißfiel die Muße der Bauern. »Ihr sollt nicht faul und müssig seyn, sondern arbeiten und thun«, forderte der Reformer. Bis die einfachen Leute sich danach richteten, sollten aber noch viele Jahrzehnte vergehen. Der Frondienst, den arme Bauern für Adel und Kirche leisten mußten, war, laut Stamm, »extrem unproduktiv«. Sie kamen spät, gingen früh, vesperten ausgiebig, hielten einen langen Mittagsschlaf und gingen dazwischen ein wenig auf die Felder. Fron scheint ein ähnlicher Flop gewesen zu sein wie Sobotnik, die freiwillige Sonntagarbeit in der Sowjetunion. Es gehört wenig Phantasie dazu, Arbeitsbeschaffungsmaßnahmen ein ähnliches Schicksal zu prophezeien.

Dennoch braucht die Gattung Mensch sich nicht zu schämen. Im Vergleich mit den übrigen Bewohnern des Planeten sind wir geradezu Lichtgestalten. »Tiere sind entsetzlich faul«, schreibt der Biologe Adrian Forsyth. Sie können stundenlang ruhen und dabei bestenfalls einmal mit dem Ohr zucken. Viele Studenten geben die Verhaltensforschung auf, berichtet Forsyth, wenn sie merken, daß sie Monate lang dösende Tiere anstarren müssen. Schimpansen beispielsweise ist jegliche menschliche Arbeitsmoral fremd. Unsere nächsten Verwandten aus dem Tierreich, mit denen wir fast 99 Prozent unseres Erbgutes teilen, nehmen das Leben gelassener. »Wenn die Ölfrüchte reif waren, lungerten sie manchmal den ganzen Tag unter einer Palme herum«, berichtet die Primatenforscherin Jane Goodall. Sie rechnete aus, daß die Menschenaffen selbst in kargen Zeiten nur sieben Stunden täglich damit verbringen, Eßbares zu suchen und zu essen. Den Rest füllen sie mit Dösen, Spielen, Schmusen und Sex (was allen Arbeitslosen als Anregung dienen mag).

Selbst Lebewesen, die sprichwörtlich fleißig sind, würden einen Acht-Stunden-Tag niemals akzeptieren. Dies gilt für die angeblich so fleißigen Bienen. Bienenforscher verfolgten ihr Tun mit der Stoppuhr und fanden heraus, daß sie nur 30 Prozent des Tages mit Arbeit verbringen. Winterbienen tun nichts anderes, als Honig zu schlecken und durch Körpervibrationen die Temperatur im Stock aufrechtzuerhalten. Die größte Überraschung bietet bei näherer Untersuchung jedoch der Ameisenstaat. Diese wuselnde Insektengemeinschaft galt seit alters her als Inbegriff der Tüchtigkeit. Doch genaue Untersuchungen dieser Mustergesellschaft ergaben ein ganz anderes Bild. Ähnlich wie in den menschlichen Arbeiterstaaten der jüngeren Geschichte herrscht Müßiggang hinter einer Fassade aus Emsigkeit. Zwar schufteten die Mitglieder zuweilen recht hart, doch 78 Prozent ihrer Lebenszeit ruhten sie sich aus.

Doch das ist gar nichts gegen die sprichwörtliche Trägheit der Faultiere, in deren Fell sich sogar Algen ansiedeln. »Etwas Nutzloseres als das Faultier habe ich bisher nicht gesehen«, schimpfte der spanische Entdecker Fernández de Oviedoy Valdés 1526 über jene Wesen, die täglich 15 Stunden Schlaf brauchen und ansonsten nur rumhängen. Alfred Brehm entdeckte an ihnen nur: »Stumpfheit, Dummheit und Gleichgültigkeit«. Doch solches Gepolter menschlicher Arbeitstiere ficht die Faultiere nicht an, denn sie verfolgen eine überaus erfolgreiche Strategie im Kampf ums Dasein. Selbst in Gebieten Südamerikas, wo alle größeren Säugetiere ausgestorben sind, haben Faultiere überlebt.

Literatur

Wer wissen will, aus welchen Büchern wir uns hemmungslos bedient haben, kann dies auf unserer Website unter der Rubrik »Buchtips« nachlesen:

www.maxeiner-miersch.de

Dort gibt es außerdem Argumente gegen Zukunftspessimismus, Auszüge aus unseren anderen Büchern und Links zu neoliberalen Hyänen aller Art.

Wer uns schreiben möchte, findet dort auch einen Briefkasten.

Ernährungsexperte Pollmer verrät die ganze Wahrheit über unser Essen

Udo Pollmer / Susanne Warmuth
Lexikon der populären Ernährungsirrtümer
Mißverständnisse, Fehlinterpretationen
und Halbwahrheiten von Alkohol bis Zucker
364 S. · geb. m. SU
DM 44,– · öS 321,– · sFr 41,–
ISBN 3-8218-1615-5

Zu viel, zu süß, zu fett, zu salzig – die Ge- und Verbote der gesunden Ernährung machen die Lust auf's Essen nicht selten zum Frust. Dabei beruhen viele dieser Ernährungsweisheiten auf Mißverständnissen, Fehlinterpretationen und Halbwahrheiten, behauptet der renommierte Ernährungsjournalist Udo Pollmer. In seinem »Lexikon der populären Ernährungsirrtümer« wirft er einen kritischen Blick auf unsere liebgewonnenen Ernährungsrituale, untersucht Macht und Wahrheitsgehalt von Kampagnen der Nahrungsmittelindustrie und nimmt zahlreiche andere Fehlinformationen auf's Korn: von A wie Abnehmen bis Z wie Zucker.

Eichborn.
Kaiserstraße 66
60329 Frankfurt
Telefon: 069 / 25 60 03-0
Fax: 069 / 25 60 03-30
www.eichborn.de

Wir schicken Ihnen gern ein Verlagsverzeichnis.